HEUTE EINFACH GLÜCKLICH SEIN

CHRISTA SPILLING-NÖKER

HEUTE EINFACH *glücklich* SEIN

33 Schritte zu einem erfüllten Leben

HERDER
FREIBURG · BASEL · WIEN

.

© Verlag Herder GmbH, Freiburg im Breisgau 2018
Alle Rechte vorbehalten
www.herder.de

Umschlagmotiv und Illustrationen im Innenteil:
Zakharchenko Anna/Shutterstock.com
Gesamtgestaltung und Satz: Christina Krutz, Biebesheim am Rhein
Druck: Graspo CZ, Zlín
Printed in the Czech Republic

Gedruckt auf umweltfreundlichem, chlorfrei gebleichtem Papier

ISBN 978-3-451-38268-0

Inhalt

Wer möchte es nicht gern
zu fassen kriegen,
das Leben, das Glück,
endlich die Gewissheit verspüren,
angekommen zu sein
im Land der Lebensträume,
dankbar JA sagen zu können
zu dem, was geworden ist
im Laufe der Zeit.
Aber das Bleiben
ist uns nicht bestimmt.
Abschied und Aufbruch
treiben uns immer wieder
in Zeiten der Unruhe und der Angst,
in denen wir uns heimatlos fühlen,
von innerer Entfremdung
und Leere bedroht.
Immer neue Bereiche wollen von uns erobert,
unerschlossene Räume in uns selbst
behutsam aufgespürt werden,
um uns mit der in ihnen
angelegten Fülle zu bereichern.
So bleiben wir Suchende
und Werdende ein Leben lang.
Im Unterwegssein zu uns selbst
finden wir heim.

Von einem glücklichen, gelingenden Leben träumen wir wohl alle – aber was ist Glück? Anders gefragt: Wann waren – oder sind wir glücklich? In einigen, alles andere überragenden Augenblicken des Lebens wie zum Beispiel einem ganz besonderen Liebeserlebnis oder einer berufliche Auszeichnung? Oder erleben wir Glück in vielen kleinen Alltagserfahrungen, die unsere Seele erfrischen? Ist die Frage nach Glück identisch mit der, was wir uns wünschen? Erwarten wir, dass uns das Glück vom Himmel in den Schoß fällt – oder können wir aktiv etwas zu einem gelingenden, glücklichen Leben beitragen?

Überlegen Sie einen Moment, welche Gedanken oder Begriffe Ihnen persönlich zu dem Begriff »Glück« einfallen, und schreiben Sie diese auf. So können Sie am Ende des Buchs zurückblättern und feststellen, ob sich Ihre Sicht auf das Glück verändert hat.

GESUNDHEIT IST DAS HÖCHSTE GUT

VOM GLÜCK, ETWAS FÜR SEIN WOHLBEFINDEN TUN ZU KÖNNEN

Auf viele Karten mit guten Wünschen zum Geburtstag oder zum neuen Jahr schreiben wir: »Vor allem Gesundheit!« gemäß der Redewendung: »Gesundheit ist das höchste Gut.« Denn was nützt uns aller Reichtum, wenn wir krank sind. Je älter wir werden, desto häufiger kommt dann auch die entsprechende Reaktion: »Ja, das ist das Wichtigste.« Aber genießen wir es auch, gesund zu sein? Wenn wir ein kleineres Leiden haben, wissen wir das immer schnell mit den damit verbundenen Einschränkungen zu benennen: »Ich kann die Hausarbeit nicht erledigen, weil die rechte Hand verstaucht ist.« »Ich habe einen grippalen Infekt und muss im Bett bleiben.« »Aufgrund starker Rückenbeschwerden kann ich mich vor Schmerzen nur stundenweise auf den Beinen halten.«

Vielleicht ist es manchmal eine Frage der Sichtweise, ob es uns gut geht und ob wir glücklich und zufrieden sind oder nicht.

Zur letztgenannten Aussage eine persönliche Begebenheit: Vor einigen Jahren hatte ich einen schweren Bandscheibenvorfall. Schmerzfrei war nur das Liegen auf dem Heizkissen. Nach einem halben Jahr, in dem ich krankgeschrieben war, zeichnete sich ab, dass ich im kommenden Schuljahr noch nicht wieder mit vollem Deputat würde arbeiten können, denn ich konnte mich nur wenige Stunden auf den Beinen halten. Einer ersten Verzweiflung – jetzt bist du teilweise invalid – folgten Überlegungen, was ich mit der neu gewonnenen freien Zeit anfangen könnte. Und da kam mir der verrückte Einfall, noch meinen Lebenstraum zu verwirklichen, nämlich zu promovieren. Lesen konnte ich ja auch im Liegen. Ich glaube, diese Motivation und die Freude an der Arbeit – gepaart mit einem hohen Maß an Ehrgeiz – haben wesentlich zu meinem Genesungsprozess beigetragen. Und ich habe es geschafft. Heute bin ich dankbar dafür, dass mir die gesundheitliche Krise den Weg gewiesen hat zu dem, was ich eigentlich immer schon gewollt hatte und in folgende Worte gefasst habe:

Auch den dunklen Stunden
wohnt bisweilen ein Sinn inne,
der erst im Nachhinein

erkennbar wird.
Manches, was uns heute verzweifeln lässt,
verwandelt sich morgen
zum Segen.

Was mir in dieser persönlichen Situation geholfen hat, war ein Perspektivwechsel. Aus dem ersten Erschrecken und dem Anflug von Selbstmitleid ›Du bist jetzt beruflich nicht mehr voll arbeitsfähig‹ wurde ein gelöstes: ›Plötzlich hast du Zeit, dich mit dem zu befassen, das dich beglückt.‹

Die Frage der Sichtweise kommt auch in der folgenden chinesischen Weisheitsgeschichte zum Ausdruck:

Einem armen Bauern läuft eines Tages das einzige Pferd davon, das er besitzt. Die Nachbarn kommen herbei und bedauern ihn: »Was für ein Unglück!« Der Bauer erwidert nur: »Wer weiß?« Nach einigen Tagen kehrt das Pferd zurück, gefolgt von einem halbwilden Hengst; nun hat er zwei Pferde. Wieder eilen die Nachbarn herbei und staunen: »Welch ein Glück du hast!« Der Bauer zuckt die Schultern und sagt: »Wer weiß?« Der Sohn des Bauern will das halbwilde Pferd zureiten, wird abgeworfen und bricht sich bei dem Sturz ein Bein. Schon bald sind die Nachbarn wieder zur Stelle und bemitleiden den armen Mann: »Welch ein Unglück!« Der Bauer wieder: »Wer weiß?« Kurze Zeit später bricht Krieg aus. Alle jungen Männer werden eingezogen, außer dem Sohn, der mit seinem gebrochenen Bein nicht für den Krieg taugt. Da wundern sich die Nachbarn nur so: »Welch ein Glück du hast!« – »Wer weiß?«

Betrachten wir die anderen oben genannten Beispiele und fragen wie in dieser Geschichte, ob sie sich nicht auch in einer anderen Perspektive sehen lassen: ›Ich habe zwar die rechte Hand verstaucht, aber das ist ja ein guter Grund, die Hausarbeit einmal liegen zu lassen, den Pizzaservice in Anspruch zu nehmen oder, noch besser, schön essen zu gehen.‹ ›Ich habe zwar einen grippalen Infekt, aber da kann ich es mir zu Hause gemütlich machen, endlich einmal die Bücher lesen, die ich mir schon seit Langem vornehmen wollte, und mir einige schöne Filme ansehen.‹

Wohlgemerkt: Dies sind Beispiele, die sich auf vorübergehende und heilbare Erkrankungen beziehen. Bei lebensbedrohlichen Krankheiten sieht das natürlich anders aus.

Zu einem gesunden Leben gehört auch, dass wir in einem Land leben, in dem wir jeden Tag genug zu essen und zu trinken haben. Wir müssen nicht auf Müllbergen nach Essensresten suchen, sondern können es uns sogar leisten, uns nach den Regeln der Ernährungswissenschaft gesund zu ernähren. Wir haben genug Wasser für hygienische Körperpflege, können in kalten Jahreszeiten unsere Wohnung heizen und – rückenschonend – statt auf hartem Fußboden in einer Hütte oder irgendwo auf der Flucht im Freien – auf einer speziell für unseren Körper zugemessenen Matratze schlafen. Anders gesagt:

Es ist ein großes Glück,
dass wir nicht irgendwo hausen müssen,
sondern immer
um ein Zuhause wissen.

Bei Krankheiten steht uns eine reichhaltige Auswahl an Fachärzten zur Verfügung. Nur zum Vergleich: Während in Afrika ein Arzt – und kein spezieller Facharzt – durchschnittlich 18.500 Menschen versorgt, kümmert sich in Deutschland ein Arzt nur um etwa 750 Personen. Und trotz der vielen Ärzte bei uns sind die Wartezimmer voll.

SICH FIT MACHEN

Wenn Sie heute etwas für Ihr körperliches Wohlbefinden und Ihre Gesundheit tun möchten, probieren Sie doch, wenn Sie sich fit fühlen und nicht gerade Ihre Menstruation haben, einmal »Wassertreten« aus. Sie können das in einem Tretbecken in einer Badeanstalt, aber auch in einem Bach tun. Noch leichter geht es zu Hause. Füllen Sie die Badewanne kniehoch mit kaltem Leitungswasser. Bevor Sie nun ins Wasser steigen, sollten sich Ihre Füße warm anfühlen. Dann geht es los. Sie spazieren in Ihrer Badewanne wie ein Storch, ziehen also einen Fuß, die Fußspitze leicht nach unten gebeugt, ganz aus dem Wasser, bevor sie ihn wieder eintauchen. Wenn Ihre Füße und Unterschenkel nach kurzer Zeit kalt werden, verlassen Sie die Wanne, bis sie wieder warm werden. Diesen Vorgang wiederholen Sie ein paar Mal. Wenn Sie genug haben, trocknen Sie die Füße nicht ab, sondern streifen

Sie das Wasser nur mit den Händen ab und bewegen Sie die Füße, damit sie wieder richtig schön warm werden.

Durch das Wassertreten wird der Kreislauf angekurbelt und die Durchblutung gefördert. Sie fühlen sich wie neugeboren.

Wenn wir uns dann und wann einmal bewusst machen, wie gut es uns eigentlich geht, wie viele Möglichkeiten wir haben, unsere Gesundheit zu erhalten und Beschwerden zu lindern – und wie wenig selbstverständlich das ist, verspüren wir vielleicht das Gefühl von Dankbarkeit.

MAN BEKOMMT MEHR, ALS MAN VERDIENT

VOM GLÜCK DER DANKBARKEIT

Dankbarkeit ist aus der Mode gekommen. Schon vor vielen Jahren meinte einer meiner Schüler: »Dankbarkeit ist etwas für alte Leute.« Ein anderer fügte hinzu: »Dankbarkeit richtet sich immer an einen anderen. Ich glaube nicht an Gott, da gibt es niemanden, demgegenüber ich Dankbarkeit für das Leben ausdrücken kann.« Und eine junge Frau äußerte in einem Gespräch, in dem es um die Armut in den Ländern der sogenannten Dritten Welt ging: »Weshalb soll ich dafür dankbar sein, dass ich jeden Tag etwas zu essen und zu trinken kaufen kann, ich bezahle das doch.« Dieses letzte Beispiel zeigt, wie selbstverständlich uns der Wohlstand ist, in dem wir leben, und wie gedankenlos wir ihn hinnehmen. Wir sehen zwar fast täglich in den Medien Bilder von hungernden

Menschen in Kriegs- und Krisengebieten, doch letztlich berühren sie uns nicht. Entweder wir schalten – im wahrsten Sinne des Wortes – ab oder auf ein anderes Programm um. Das lenkt uns von dem Elend in der Welt ab; wir holen uns noch eine Tüte Chips und ein Bier, stellen uns später unter die warme Dusche und lassen uns in die Federn fallen.

Jeden Tag ein warmes Essen auf dem Tisch, wer auf der Welt hat das schon?

Heute ist es nur noch bei wenigen Menschen eine Gepflogenheit, vor dem Essen zu beten und für das Essen zu danken. Aber man muss nicht zwingend an Gott glauben, um sich darüber zu freuen und ein Gefühl der Dankbarkeit zu empfinden, auch heute wieder satt werden zu dürfen.

Danke
für das Samenkorn
im Acker,
für die Ähren
auf dem Felde,
für das Brot
auf dem Tisch.

Danke
für die Menschen,
die daran
beteiligt sind,
dass ich jeden Tag
satt werden darf.

Vor ein paar Jahren waren wir bei lieben Freunden in der Schweiz zu Besuch. Zum Abendessen gab es Käseraclette. Der Tisch war über und über mit köstlichen Zutaten gedeckt. Unwillkürlich entfuhr mir: »Wie habt ihr das alles schön gerichtet, so ein herrliches Essen, was für ein Geschenk, dass wir jeden Tag satt werden dürfen.« Die Gastgeber sahen erstaunt auf und meinten, dass wir uns darüber wohl zu selten Gedanken machen.

Aber auch in vielen anderen Bereichen nehmen wir oft blindlings hin, was andere Menschen tagtäglich für uns tun. Warum soll man einer eifrigen Kellnerin danken, einem hilfreichen Kollegen, einer aufmerksamen Verkäuferin oder einem engagierten Pädagogen? Mir fällt dazu folgende kleine Geschichte ein:

Die Prüfungen waren vorüber. Ohne die unermüdliche Hilfe ihres Klassenlehrers hätte Katrin das Abitur niemals bestanden. Als Herr Wegner sich einzeln von den Mädchen verabschiedete, meinte er zu Katrin: »Sie könnten eigentlich mal ›Danke‹ sagen.« Darauf das Mädchen schnippisch: »Wieso denn, Sie haben doch nur ihre Pflicht getan!«

Einige Monate später kehrte Herr Wegner in der Gaststätte ein, in der Katrin für die Semesterferien einen Job als Bedienung gefunden hatte. Er bestellte, bestellte um, ließ nach und nach noch dieses und jenes kommen. Als er zahlte, meinte Katrin kess: »Sie haben mich ja ganz schön gescheucht, eigentlich dürften Sie mir gern ein Trinkgeld geben.« Darauf Herr Wegner: »Wieso denn, Sie haben doch nur Ihre Pflicht getan.«

Letztlich ist im menschlichen Umgang untereinander nichts selbstverständlich und jede Form von Freundlichkeit, Engagement und Hilfe ein aufrichtiges »Danke« wert.

Danken ist mehr, als nur das kleine Wörtchen »Danke« beiläufig vor sich hinzumurmeln, weil es sich so gehört. »Dankbarkeit ist das Gedächtnis des Herzens«, sagte Goethe. Dem kann ich nur zustimmen. Wenn mir jemand etwas Wunderschönes geschenkt hat, verspüre ich das Bedürfnis, ihm ebenfalls etwas Gutes zu tun, ihm eine Freude zu machen, wie auch immer sich diese gestalten mag: in liebevollen Worten, einer herzlichen Umarmung oder eben auch in einem ganz besonderen Geschenk.

Darüber hinaus ist Danken eine Haltung dem anderen Menschen, ja, dem Leben selbst gegenüber. Wenn wir uns wirklich dankbar zeigen, dann drücken wir damit zugleich ein Stück Demut aus: Wir selbst haben nicht alles, wir vermögen nicht alles, wir sind angewiesen auf das, was uns durch andere Menschen zuteil, was uns geschenkt wird: das Brot, das andere für uns backen, die helfende Hand oder die aufrichtenden Worte eines lieben Menschen, wenn wir ihrer bedürfen. Wenn wir uns das immer wieder einmal bewusst machen, werden wir mit unseren Beziehungen, mit unserer Umwelt und letztlich auch mit uns selbst achtsamer umgehen.

Danken
ist mehr als nur ein Wort.
Danken
ist die gelebte Antwort

auf das Geschenk meines Daseins
und auf das Wunder allen Lebens
um mich herum.

Darum versuche ich,
keine Blume zu zertreten,
keines Menschen Seele
zu verletzen
und behutsam umzugehen
mit mir selbst.

EIN KLEINES EXPERIMENT

Machen Sie doch einmal folgendes kleines Experiment: Werfen Sie sieben Tage lang hintereinander für jedes Erlebnis, über das Sie sich mit einem dankbaren Herzen freuen, einen Euro in ein Sparschwein. Am Ende der Woche plündern Sie es und gönnen sich etwas Schönes. Übrigens: Selbst für nur einen Euro bekommt man meistens schon eine Kugel Eis.

Aus solcher Haltung der Dankbarkeit entwickelt sich oft auch das Gefühl von Zufriedenheit.

MIT DEM LEBEN EINVERSTANDEN SEIN

VOM GLÜCK DER ZUFRIEDENHEIT

Hand auf's Herz: Sind Sie mit Ihrem Leben zufrieden? Mit dem, was Sie haben, und dem, was aus Ihnen geworden ist, was Sie sind?

Ich begegne immer wieder Menschen, die stets etwas zu jammern haben. Die Arbeit im Haushalt überlastet, der Tag ist langweilig, die Kommunikation mit anderen eingeschränkt. Aber auf die Frage, warum sie dann keine Reinigungskraft einstellen, sich gelegentlich ein Essen kommen lassen oder sich einen DVD-Rekorder zulegen, um interessante Sendungen aufnehmen und später anschauen zu können, warum sie, wenn sie gesundheitlich eingeschränkt sind, nicht per E-Mail kommunizieren, höre ich die unterschiedlichsten Ausreden. Dabei stehen uns unendlich viele

Möglichkeiten zur Verfügung, die uns in unserer häuslichen Arbeit entlasten, und mittels der Medien können wir den Tag, gerade dann, wenn wir das Haus nicht verlassen können, abwechslungsreich gestalten.

Ich unterscheide in dem Zusammenhang zwischen jammern und klagen. Natürlich gibt es Situationen, in denen schwere psychische oder physische Beeinträchtigungen das Leben so stark belasten, dass die Betroffenen – zu recht – darüber klagen dürfen.

Aber vielleicht können wir die Fähigkeit in uns schulen, in enttäuschenden oder anstrengenden Situationen, anstatt uns im Jammern nur ständig um uns selbst zu drehen und darüber in Selbstmitleid zu versinken, bisweilen auch Schönes zu entdecken. Ein Kollege erzählte einmal ganz locker: »Wenn die Konferenz auch lähmend und nervtötend ist, gibt es doch immer irgendetwas, worüber man sich freuen kann, und wenn es die Butterbrezel auf dem Tisch ist.« Ich denke noch heute, Jahre später, oft an diesen Satz zurück, vor allem dann, wenn ich mir unterwegs eine Brezel kaufe. Es ist eine besondere Fähigkeit, in die wir uns einüben können, dem Leben, auch in frustrierenden Stunden, noch eine angenehme Seite abzugewinnen.

Doch viele Menschen plagt noch eine andere Unzufriedenheit, weil sie gerne etwas hätten, was sie sich aber nicht leisten können: vielleicht ein eigenes Haus, ein größeres Auto, kostspielige Fernreisen. Im Grunde genommen wissen wir, dass Hab und Gut, so schön wie das ein oder andere sein mag, nicht alles im Leben ist, dennoch begehren wir sie. In diesem Zusammenhang fällt mir das Märchen der Gebrüder Grimm »Vom Fischer und seiner Frau« ein.

Erinnern Sie sich? Wenn nicht, will ich Ihrem Gedächtnis hier mit einer kurzen Zusammenfassung auf die Sprünge helfen.

Es war einmal ein Fischer, der mit seiner Frau zusammen in einer ärmlichen Hütte wohnte. Eines Tages zog er beim Angeln einen großen Butt aus dem Wasser. Der Butt sprach zu dem Fischer: »Ich bin kein richtiger Butt, sondern ein verwunschener Prinz. Lass mich wieder frei, denn wenn du mich tötest, würde ich dir doch nicht recht schmecken.« Der Mann war zutiefst erschrocken, dass der Butt sprechen konnte, und warf ihn zurück ins Wasser. Daheim erzählte er seiner Frau von der eigenartigen Begebenheit. »Wenn du einen so sonderbaren Butt gefangen hast, hättest du dir etwas von ihm wünschen sollen«, rügte sie ihn. Schon am nächsten Tag schickte sie ihn ans Meer, damit er den Butt herbeirufen und von ihm ein kleines Haus erbitten sollte. Abends wieder daheim angekommen, fand er seine Frau in einem reizenden Häuschen vor, wundervoll eingerichtet und inmitten eines hübschen Gartens gelegen. Doch schon nach kurzer Zeit genügte ihr das nicht mehr. Nun verlangte sie nach einem Schloss, doch als sie es mit all seinen prachtvollen Gemächern, goldenen Stühlen und kristallenen Leuchtern, seinen Stallungen, dem wundervollen Park und den vielen Bediensteten erhalten hatte, wollte sie schon am nächsten Tag

Königin werden. Der arme Mann musste wieder zu dem Butt gehen und ihm das Begehren seiner Frau vortragen. Auch dieser Wunsch ging in Erfüllung: Das Schloss war nun viel größer, vor der Tür positionierte sich eine Schildwache, viele Soldaten standen dort mit Pauken und Trompeten und die Frau saß, mit einer Krone auf dem Haupt, auf einem von Gold und Diamanten verkleideten Thron und hielt das Zepter in der Hand. Aber schon am nächsten Tag gelüstete es sie, Kaiser zu werden, und sie trieb ihren Mann wieder zu dem Butt. Die Pracht des Schlosses mit all seinem Gold und den Karfunkelsteinen und Brillanten auf ihrer Krone waren von unbeschreiblichem Glanz. Doch auch das genügte ihr nicht; nun begehrte sie Papst zu werden. Auch nach der Erfüllung dieses Wunsches war sie immer noch nicht zufrieden. Gottgleich wollte sie letztendlich sein. Nach diesem maßlos überzogenen Wunsch saßen die beiden wieder in ihrer armseligen Fischerhütte wie am Anfang des Märchens.

Nichts gegen das Wünschen an sich. Es erhält lebendig und erweitert den inneren Lebensraum. Es ist herrlich, von etwas Schönem zu träumen, das man gern hätte und das man sich vielleicht eines Tages auch leisten und genießen kann. Erst die Maßlosigkeit der Wünsche, die in keiner Beziehung mehr zur Realität stehen, ziehen das Unheil nach sich. Vielleicht entrüsten wir uns innerlich über die Fischersfrau. Aber kommt uns der Inhalt dieser Geschichte nicht auch ein wenig bekannt vor? Kaum hat sich der eine Wunsch erfüllt, wird man wieder unzufrieden und steigert sich in neue – angebliche – Bedürfnisse hinein, anstatt das, was man gerade bekommen hat, erst einmal ausgiebig zu genießen. Verwechseln wir da nicht das Haben mit dem Erleben? Je unbefriedigter uns das »Haben« lässt, desto mehr muss es sein, damit wir hoffentlich die Freude »erleben«, nach der wir uns im Grunde unseres Herzens sehnen.

Warum eigentlich? Weshalb konnte der Wechsel von der kleinen Fischerhütte in ein Häuschen mit Garten nicht genügen? Woher kommt dieses ständige Begehren nach immer mehr Reichtum – und vielleicht auch nach immer mehr Macht – auch in uns? Spüren wir eine innere Leere, die wir mit immer neuen Konsumgütern zu füllen suchen, gleichwohl wissend, dass uns das nie gelingen wird? Jeder kennt den sogenannten Frustkauf. Man hat vielleicht in der Familie oder auch am Arbeitsplatz Ärger und Stress gehabt – und nach Feierabend geht man in die Stadt und kauft sich etwas Schönes, das die Enttäuschungen des Tages kompensieren soll. Das kann ja auch mal Spaß machen, sofern es relativ selten geschieht und man dabei nicht in eine Kaufsucht verfällt und sich finanziell ruiniert.

Vielleicht lohnt es sich, einmal der inneren Leere, der immer einmal wieder auftretenden tiefen Unzufriedenheit nachzuspüren.

Wovon träumen wir wirklich? Welche Lebenswünsche haben wir bisher unterdrückt? Wie können wir unseren inneren Lebensraum füllen, damit wir die äußeren Räume nicht mehr mit immer neuen Gegenständen ausstatten oder uns ständig aktuelle Statussymbole zulegen müssen? Mir fällt dazu das Wort von Sokrates ein: »Wie zahlreich sind doch die Dinge, derer ich nicht bedarf.«

Dazu passt die folgende kleine Geschichte:

Zufällig trafen sich zwei frühere Klassenkameraden, die sich nie besonders gut hatten leiden können, in einer Gastwirtschaft und kamen miteinander darüber ins Gespräch, was aus ihnen geworden war. »Ich habe ein paar Bilder dabei«, meinte der Erste und zog aus seiner Brieftasche drei Fotos. »Mein Haus, mein Pferd, meine Jacht.« Insgeheim hoffte er, der andere würde grün vor Neid. Aber dem war nicht so. »Ich habe auch Bilder dabei«, antwortete dieser: »Meine Frau, unsere drei gesunden Kinder, der gemeinsame Freundeskreis.«

SICH IN DIE GESCHICHTE HINEINVERSETZEN

Stellen Sie sich einmal vor, Sie säßen in der Gastwirtschaft dieser Geschichte. Welche drei Bilder würden Sie Ihrem früheren Klassenkameraden zeigen?

Und wenn Sie mit Ihrem Leben nicht zufrieden sind, können Sie es ja vielleicht wagen, zu neuen Ufern aufzubrechen!

DEN AUFBRUCH WAGEN

VOM GLÜCK EINES NEUEN ANFANGS

Man entdeckt keine neuen Erdteile,
ohne den Mut zu haben,
alte Küsten aus den Augen zu verlieren.

ANDRÉ GIDE

WAS FEHLT

In einer wunderschönen Landschaft eingebettet lagen, nicht allzu weit voneinander entfernt, zwei Klöster. Das große Kloster verfügte über beachtlichen Reichtum, das kleine Kloster war arm.

Eines Tages kam ein Mönch aus dem armen Kloster, um einen Glaubensbruder in dem reichen Kloster, dem er schon seit Langem freundschaftlich verbunden war, zu besuchen. »Ich möchte dir nur mitteilen, dass ich in acht Tagen meine Pilgerreise zu dem großen Heiligtum antreten werde, das an der nördlichen Grenze unseres Landes liegt. Willst du nicht mitkommen? Du hast doch immer wieder einmal erwähnt, dass du dort gern einmal beten würdest.«

»Natürlich würde ich dich gern begleiten. Aber ich bin mit meinen Vorbereitungen dafür noch nicht fertig.«

»Welcher Vorbereitungen bedarf es denn da? Das Einzige, was du brauchst, sind ein paar feste Schuhe, ein Regenmantel, den du zugleich als Decke verwenden kannst, und eine Schale für den Reis, den du unterwegs erbittest.«

»Hast du schon einmal an all die Gefahren gedacht, die unterwegs lauern können? Was, wenn man auf feuchtem Moos ausrutscht oder von einem Felsen abstürzt und sich die Beine bricht? Im Gebüsch lauern sicher wilde Tiere oder man wird von Wegelagerern überfallen. Nein, mit all diesen Unsicherheiten muss ich mich erst ausgiebig befassen, bevor ich mich auf die Reise mache.«

»Schade«, meinte der arme Mönch. »Ich hätte mich sehr gefreut, wenn du mich begleitet hättest.«

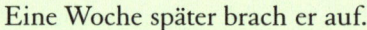

Eine Woche später brach er auf.

Nach zwei Jahren kehrte er zurück. Natürlich suchte er seinen Bruder in dem reichen Kloster wieder auf und schwärmte ihm von allem vor, das er erlebt hatte, von der Großzügigkeit der Menschen, die ihn unterwegs mit Essen und Trinken versorgt hatten, von den bereichernden Gesprächen mit anderen Gläubigen und nicht zuletzt von der Herrlichkeit des Heiligtums, das noch prächtiger war, als er sich es in seinen kühnsten Vorstellungen ausgemalt hatte.

»Wenn ich dich so höre, scheint mir, dass ich doch noch eine Reihe an Vorkehrungen treffen muss, bevor ich mich auf die Reise begebe, da fehlt mir noch so Einiges«, meinte der reiche Mönch ein wenig verlegen.

»Ich weiß genau, was dir fehlt«, sagte der arme Mönch, »und bevor du das nicht gefunden hast, wirst du gewiss nicht aufbrechen.«

Zu dieser Geschichte fällt mir eine Anekdote über den berühmten Hofprediger Abraham a Santa Clara ein, der seine Zuhörerschaft in einem Gottesdienst einmal gefragt hat:

»Wo, liebe Gemeinde, fängt der Teufel die meisten See-len?« Nach einer Pause, in der es unter seinen Schäfchen ganz still geworden war, donnerte er von der Kanzel: »Auf einer Bank! Ja, da staunt ihr. Aber so ist es. Er findet sie auf einer Bank, nämlich auf der langen Bank, auf der ihr eure guten Absichten und Vorhaben ständig vor euch herschiebt.«

Aufbrechen hat immer etwas mit Mut und Risikobereitschaft zu tun. Oft aber zögern wir wie der reiche Mönch in der Geschichte: Wer weiß, wie gefährlich dieses Unterfangen ist? Sind wir wirklich darauf vorbereitet? Uns quält die Ungewissheit, ob wir das ersehnte Ziel wirklich erreichen und ob wir uns dort dann so wohlfühlen, wie wir es uns in unserer Fantasie ausgemalt haben. Was, wenn wir dort nicht die blühenden Landschaften finden, von denen unsere Seele träumt? Unsicherheiten und Ängste lassen uns dann doch lieber im Gewohnten verhaftet bleiben, selbst wenn es uns lähmt. Die entscheidende Frage, die wir uns dann stellen sollten, lautet: Wollen wir den Aufbruch und Neuanfang wirklich mit ganzem Herzen?

Vor vielen Jahren rief mich einmal eine Frau an und bat um Hilfe. Sie litt unter ihrer Ehe und wollte sich gern von ihrem Mann trennen. Er war gerade in Urlaub und sie überlegte, ob sie die Türschlösser auswechseln sollte, damit er ihre gemeinsame Wohnung nicht mehr betreten könne. Ich habe sie spontan gefragt, weshalb sie sich nicht selbst eine andere Wohnung suchen und ausziehen wollte. Sie war über diese Antwort völlig verblüfft. Darauf wäre sie nicht gekommen, so ihre Antwort.

Manchmal fallen uns die einfachsten Lösungsmöglichkeiten nicht ein, wir haben gewissermaßen einen blinden Fleck. Dann kann ein Gespräch helfen, zu erkennen, wie wir unsere Lebenssituation verändern können.

Es muss ja nicht immer gleich um eine Scheidung gehen. Vielleicht quält uns in ganz anderen Lebensbereichen eine gewisse Müdigkeit. Die Gleichförmigkeit des Alltags, die Unzufriedenheit im Berufsleben, der Wohnort, an dem wir uns nicht mehr wohlfühlen. Auch dann stellt sich die Frage, weshalb wir diesen Zustand nicht ändern, was uns daran hindert, den Aufbruch zu wagen. Rufen Sie sich immer wieder einmal die chinesische Spruchweisheit ins Gedächtnis: »Auch der längste Weg auf der Erde beginnt mit dem ersten Schritt.«

Ich denke in dem Zusammenhang an einen jungen Mann, der seinen Eltern zuliebe eine Lehre als Bankkaufmann gemacht hatte. Die tägliche Arbeit in diesem nahezu verhassten Beruf belastete ihn von Tag zu Tag mehr. Er arbeitete nur noch dafür, sich Geld zurücklegen zu können. Eines Tages hatte er genug gespart, um sich seinen Traum zu erfüllen und sich der Kunst zuzuwenden. Inzwischen hat er sein Musikstudium erfolgreich abgeschlossen.

Zugleich fällt mir ein früherer Kollege ein, der aus dem Schuldienst in Deutschland aussteigen wollte. Er hatte sich für einen Auslandsdienst beworben. Die Familie zog nach Südamerika mit

– und als die sechs Jahre vorüber waren, beschrieben alle diese Zeit im Ausland als außerordentlich bereichernde Erfahrung.

AUFBRUCH WAGEN

Was hindert dich,
den Aufbruch heute zu wagen
und deinem Leben
eine neue Richtung zu geben?

Was hindert dich,
dem Ruf deiner inneren Bilder
zu folgen
und endlich zu leben,
was schon so lange
in dir träumt?

Mache dich auf
und dir werden die
notwendigen Kräfte
zuströmen,
um zu werden,
der du bist.

AUFBRUCH IM KLEINEN

Wie wäre es, wenn Sie einmal den Aufbruch im »Kleinen«
planen würden – vielleicht zu einer Wanderung, einer Bergtour oder einer Pilgerreise. In der Kontemplation lösen sich
äußere Zwänge. Mehr und mehr werden Sie nach innen
schauen. Vielleicht steigen in Ihnen dann Bilder auf zu dem,
was Sie wirklich möchten – und was Sie dann eines Tages
auch nach außen hin zu neuen Ufern aufbrechen lässt.

Möglicherweise begegnen Ihnen unterwegs interessante Menschen,
mit denen Sie gute Gespräche führen können, durch die sich Ihre
Wünsche zu einer Veränderung Ihrer Lebensbedingungen klären.

ALS ICH DIR BEGEGNET BIN

VOM GLÜCK MENSCHLICHER BEZIEHUNGEN

Von dem jüdischen Religionsphilosophen Martin Buber stammt der bekannte Satz: »Alles wirkliche Leben ist Begegnung.«

Begegnung meint hier nicht das Treffen auf ein Glas Bier, das vielleicht mit den Worten endet: »Schön, dass wir uns mal wieder gesehen haben.« Begegnung ist ein Geschenk. Wir können uns stundenlang unter Menschen aufhalten, von einem Sektfrühstück oder einer Party zur anderen hasten, aber ob wir einem Menschen wirklich begegnen, ob wir einander in der Tiefe berühren, einander beleben, sodass wir später nicht mehr die sind, als die wir das Haus verlassen haben, ist nicht vorhersehbar, nicht verfügbar.

Es ist Gnade, wenn zwei Seelen
einander berühren
und sich gegenseitig
zu heilvoller Lebendigkeit
beflügeln.
Mögest du immer wieder
mit dem Segen
von Vertrautheit und Nähe
beschenkt werden,
damit dein Herz durchströmt wird
von Liebe und Glück.

Solche Begegnungen werden uns aber nur geschenkt, wenn wir bereit sind, uns überhaupt auf andere Menschen einzulassen. Ich erinnere mich daran, dass eine junge Lehrerin von einem Kollegen gefragt wurde, ob sie »nur« Referendarin sei oder ob sie länger an der Schule bleiben würde. Als sie ihn verblüfft ansah, ergänzte er, es würde sich ja eigentlich nur lohnen, mit jemandem in näheren Kontakt zu treten, wenn man wüsste, dass er die Schule nicht so schnell wieder verlassen würde.

Lohnen sich also nur längerfristige Beziehungen? Können es nicht mitunter auch kurze Begegnungen sein, die uns in vielleicht nur einem einzigen Gespräch einen wichtigen Impuls für unser eigenes Leben vermitteln und an die wir uns Jahre später aber noch dankbar erinnern?

Es gibt Begegnungen,
in denen alles in dir hell wird,
die deine Seele
aufleuchten lassen,
als stünde ein Engel
im Raum.
Ich wünsche dir
das Geschenk

solcher heiligen Augenblicke,
in denen dir das Licht des Himmels
mitten ins Herz scheint.

ZUM POETEN WERDEN

Vielleicht haben Sie Lust, über eine ganz besondere Begegnung ein Gedicht zu schreiben. Es könnte so anfangen:

Als ich dir begegnet bin,

....

....

....

Später können Sie es dem Menschen, auf den es sich bezieht, ja vielleicht auch zukommen lassen. Solch tiefe Begegnungen können sich in schon vorhandenen freundschaftlichen Beziehungen ereignen, aber uns auch mit bisher fremden Menschen in Beziehung treten lassen. Vielleicht tauscht man dann die Adressen aus, um weiter in Kontakt zu bleiben, auch wenn sich der Zauber des ersten Augenblicks kaum wiederholen wird.

Der Theologe Eberhard Jüngel hat einmal gesagt: »Sorge für das Leben ist Sorge für Verhältnisse.« Wir brauchen die Beziehung zu anderen Menschen, wir brauchen persönliche Ansprache und wir brauchen es, in Anspruch genommen zu werden. Dass Menschen ohne Kommunikationsmöglichkeit verkümmern, zeigen Beispiele von Kindern in Heimen mit zu wenig oder schlecht ausgebildetem Personal, von Menschen in jahrelanger Einzelhaft oder Schicksale wie das von Kaspar Hauser, der jahrelang in einem dunklen Raum bei Wasser und Brot gefangen gehalten worden sein soll.

Wenn wir eine Weile allein sind, spüren wir das Bedürfnis, mit jemandem zu reden. Im Gespräch können wir von dem, was uns momentan beschäftigt und womit wir gerade befasst sind, erzählen und über dies und das plaudern. Zugleich erfahren wir etwas von einem anderen Menschen, nehmen an seinem Leben und Ergehen teil und bekommen dadurch wieder neue Anregungen. Durch solchen Gedankenaustausch bleiben wir lebendig.

Denken wir einmal daran zurück, wie oft uns schon jemand geholfen und uns in ganz konkreten Notsituationen mit Rat und Tat beigestanden hat. Welche Erleichterung wir verspürt haben. Davon erzählt auch die folgende Geschichte:

Eines Tages hatte sich ein Bauer aufgemacht, um mit seinem Esel einen schweren Getreidesack zum Müller zu bringen. Unterwegs rutschte der Sack vom Rücken des Esels und lag mitten auf dem Weg. Schweißtriefend bemühte sich der Bauer, ihn anzuheben, doch ohne Erfolg. Der Sack war für einen Mann alleine viel zu schwer. So hatte er keine andere Wahl als zu warten, bis jemand vorbeikäme, der ihm helfen könne.

Es dauerte eine Weile, als er das Getrappel von Pferdehufen vernahm. Doch am liebsten wäre der Bauer im Erdboden versunken, als er erkannte, dass es der Graf aus dem nahe liegenden Schloss höchstpersönlich war, der da herangeritten kam. Es wäre ihm viel lieber gewesen, jemand von Seinesgleichen wäre vorbeigekommen. Wie sollte er einen so hochgestellten Herrn um Hilfe bitten?

Der Graf erkannte das Problem sofort, stieg vom Pferd und sagte: »Wie ich sehe, ist dir hier ein Malheur passiert, mein Freund. Wie gut, dass ich gerade vor Ort bin.« Ohne zu zögern, fasste er den Sack an einem Ende. Der Bauer packte das andere Ende und mit vereinten Kräften hievten sie den schweren Sack auf den Rücken des Esels.

Immer noch befangen stammelte der Bauer: »Mein Herr, wie kann ich Euch das vergelten?«

»Nichts leichter als das«, erwiderte der Edelmann.
»Wann immer du einen Menschen in einer Notlage siehst,
dann tue das Gleiche für ihn.«

Aber nicht nur wir brauchen andere Menschen, sondern andere Menschen brauchen auch uns: unsere berufliche Kompetenz, unsere Freundlichkeit, unsere Hilfsbereitschaft.

Erinnern wir uns an das gute Gefühl, wenn wir jemandem einen Weg abnehmen, ihm beistehen oder zuhören konnten. Wie oft habe ich schon gehört, dass Menschen, vor allem ältere, depressiv werden, weil sie sich nicht mehr gebraucht fühlen. Aber das kann, selbst bei körperlicher Beeinträchtigung, auch ganz anders aussehen. Ich erinnere mich an eine liebenswerte alte Frau, die schon in ihrer Jugend an Kinderlähmung erkrankt war und im Rollstuhl saß. Sie wohnte in einem Seniorenstift neben dem Studentenheim, in dem ich einige Semester zu Hause war. Viele von uns Studentinnen und Studenten haben sie gerne besucht. Man konnte sich wunderbar mit ihr unterhalten. Und sie war eine brillante Zuhörerin. Ich weiß nicht, wie viel Kummer von uns jungen Leuten sie im Laufe der Jahre mitgetragen hat. Sie war eben einfach immer für uns da – und sie hat dadurch Sinn erfahren und Bestätigung gefunden. Sie war nur selten allein.

Wer danach sucht, gebraucht zu werden, kann in unserer Gesellschaft ein breites Betätigungsfeld in ehrenamtlichen Tätigkeiten finden, durch die er Dankbarkeit und Anerkennung findet und Sinn erfährt. Wenn man sich auf den Weg macht, wird man sicher interessante Menschen kennenlernen, mit denen es zu einem regen Gedankenaustausch kommen kann. Denken Sie an die Worte Platons: »Wenn zwei Knaben jeweils einen Apfel haben und sie diese Äpfel tauschen, hat am Ende auch nur jeder einen. Wenn aber zwei Menschen je einen Gedanken haben und diese tauschen, hat am Ende jeder zwei neue Gedanken.«

Aus so mancher guten Beziehung entwickelt sich im Laufe der Jahre vielleicht sogar eine Freundschaft.

WIE GUT, DASS ES DICH GIBT

VOM GLÜCK DER FREUNDSCHAFT

»Wahre Freundschaft ist ein Geschenk; sie fällt einem trotzdem nicht in den Schoß, aber um den Hals«, so lautet eine Redensart.

Es ist ein großes Glück, wenn wir um einige Menschen wissen, die für uns da sind, auf die wir uns, komme, was wolle, verlassen können. Ich möchte noch einmal auf meinen Bandscheibenvorfall zurückkommen. Zwei Ärzte meinten, eine Operation sei unumgänglich. Ich hatte furchtbare Angst. Ein Bekannter riet mir, die Uniklinik Heidelberg aufzusuchen. In einem Telefonat erzählte ich meiner besten Freundin davon. »Wie willst du da hinkommen?«, fragte sie. »Mit dem Zug«, erwiderte ich, obgleich mir auch nicht klar war, wie ich das mit den starken Schmerzen schaffen sollte.

»Ich bin um 13 Uhr bei dir, dann fahre ich dich hin«, war ihre knappe Antwort, obwohl sie sich für diesen Nachmittag einige Vorbereitungen für eine große Familienfeier vorgenommen hatte. Sie war pünktlich. Aus diesem Erlebnis ist folgendes Gedicht entstanden:

Ein Engel geht neben dir her.
Er begleitet dich in deiner Angst
und trägt die Verzweiflung deines Herzens mit.
Ein Engel geht neben dir her:
Sein Antlitz trägt menschliche Züge
und seine Hand fühlt sich fest an und warm.

Von einer ähnlichen Erfahrung erzählt folgende kleine Geschichte:

NICHTS VERSÄUMT

Zwei Männer waren seit Kindesbeinen an miteinander befreundet. Sie hatten zusammen die Schulbank gedrückt und teilten eine große Leidenschaft miteinander: den Fußball. Die ganze Woche über fieberten sie dem Samstagnachmittag entgegen; als treue Fans litten und freuten sie sich mit ihrem Verein und diskutierten das jeweilige Spiel anschließend in der Sportlerkneipe. Natürlich kannten sie jeden Spieler, so manchen inzwischen persönlich; sie wussten um sämtliche Tabellenplätze in jeder Saison. Über all die Jahre hin hatten sie kein einziges Spiel verpasst. Fast kein Spiel, denn in der letzten Saison versäumten sie sieben Spiele. Einer der beiden war schwer erkrankt und konnte das Haus nicht mehr verlassen. Nun hätte der andere ja zum Stadion gehen, das Spiel anschauen und seinem Freund später davon erzählen können. Doch statt sich das Spiel allein anzusehen, ging er zu seinem kranken Freund, setzte sich an dessen Bett und diskutierte mit ihm die Höhepunkte und Niederlagen des Vereins.

Nach sieben Wochen starb der Kranke. Einige Zeit später meinte sein Freund: »Ich habe viele gute, manchmal sogar sehr gute Spiele gesehen. Doch die wichtigsten waren für mich die, die ich versäumt habe.«

Gerade in den Augenblicken, in denen es einem Menschen, dem wir in Freundschaft verbunden sind, körperlich oder seelisch schlecht geht, braucht er unsere Hilfe und unsere Nähe, sodass wir unsere eigenen Wünsche und Bedürfnisse wohl einmal eine Weile zurückstellen müssen. Aber für Menschen, die uns am Herzen liegen, tun wir das natürlich gern.

Ein wesentliches Merkmal von Freundschaft besteht darin, dass man vor dem anderen die Masken, die man sich im Alltag oft zulegt, ablegen und sich einander anvertrauen kann. Dazu bedarf es natürlich der Gewissheit, dass die persönlichen Dinge, die man von sich preisgibt, nicht weitererzählt werden, sondern in Verschwiegenheit beim anderen aufgehoben sind, sodass die Seelen gleichsam zum kostbaren Gefäß für die Not, aber auch die Freude des anderen werden. Das setzt voraus, dass wir füreinander »ganz Ohr« sind, dass wir uns wirklich auf das einlassen, was der oder die andere sagt. Zuhören ist eine hohe Kunst. Ich habe immer wieder einmal bei Bekannten erlebt, dass ich etwas erzählen wollte, aber das Gegenüber dann sehr schnell anfing, etwas von sich selbst zu berichten, was sich dann so ausnahm: »Du, so etwas kenne ich auch ...« Und dann nahm die Geschichte kein Ende.

Aber wir haben in Freundschaften ja nicht immer nur etwas zu klagen, sondern oft zugleich Anlass, einander Schönes zu erzählen – oder einfach nur gemütlich zusammenzusitzen, über die neueste Mode zu plaudern und gemeinsam den ein oder anderen Spaß zu haben. Es tut uns gut, unabhängig davon, ob wir in einer Partnerschaft leben oder nicht, uns in der ganzen Breite dessen, was wir erleben, einem anderen mitteilen – und durch die Nähe seelische Wärme und Geborgenheit spüren zu können. Wir entlasten uns gegenseitig und stärken einander für den jeweils eigenen Weg. Die Besonderheit solcher tiefen, über lange Zeit andauernden wertvollen menschlichen Beziehungen veranschaulichen folgende Worte:

FREUNDSCHAFT

 Es ist ein unsichtbares Band
das uns verbindet
hinweg über die Zeiten:

Das uns Halt gibt,
um den Unruhen des Lebens
widerstehen zu können:
Das uns Heimat schenkt
in den unsichtbaren Räumen
unserer Seelen:
du in mir,
ich in dir.

So herzlich wir miteinander verbunden sein mögen, so kommt es natürlich auch in Freundschaften, wie in jeder menschlichen Beziehung, hin und wieder zu Auseinandersetzungen, manchmal sogar zu Streit. Aber ob der das letzte Wort behalten muss?

Zwei Freunde wanderten zusammen durch eine Wüste. Unterwegs kam es zu einem Streit und der eine schlug dem anderen aus einem spontanen Impuls heraus ins Gesicht. Der Geschlagene war tief gekränkt. Schweigend kniete er nieder und schrieb mit dem Finger folgende Worte in den Sand: »Heute hat mich mein bester Freund ins Gesicht geschlagen.«

Ohne ein weiteres Wort zu verlieren, setzten sie ihre Wanderung fort. Nach vielen Stunden kamen sie zu einer Oase, in der sie sich mit einem Bad erfrischen wollten. Der Freund, der geschlagen worden war, blieb plötzlich im Schlamm stecken, aus dem er sich nicht selbst befreien konnte. Sein Freund packte ihn fest an beiden Händen, zog ihn mit aller Kraft wieder auf sicheren Boden und rettete ihm so das Leben. Nachdem sich der Freund, der beinahe ertrunken war, wieder erholt hatte, nahm er einen Stein und ritzte folgende Worte hinein: »Heute hat mir mein bester Freund das Leben gerettet.«

Der Freund, der den anderen zunächst geschlagen und später gerettet hatte, fragte erstaunt: »Als ich dir wehgetan hatte, hast du deinen Satz nur mit dem Finger in den Sand geschrieben, aber jetzt ritzt du deine Worte in einen Stein. Warum?«

Der andere antwortete: »Wenn uns jemand verletzt oder beleidigt hat, sollten wir es in den Sand schreiben, damit der Wind der Vergebung es wieder auslöschen kann. Aber wenn jemand etwas tut, was für uns gut ist, dann sollten wir das in einen Stein gravieren, damit es für immer bestehen bleibt.«

EINE KERZE FÜR DICH

Es ist ein schönes Ritual, auf Reisen eine Kirche aufzusuchen und für die Menschen, denen man sich innig verbunden fühlt, eine Kerze anzuzünden.

WAS WÄRE DIE WELT FÜR MICH – OHNE DICH

VOM GLÜCK DER LIEBE

Liebende sind wie Engel,
sie ahnen im Licht ihrer Liebe
etwas von der schwebenden Leichtigkeit
und dem Glanz einer heilvollen
und gesegneten Welt.

Erinnern Sie sich noch an den Schlager »Aber dich gibt's nur einmal für mich«? Oder an »Kann denn Liebe Sünde sein« von Zarah Leander? Haben Sie vielleicht ein Liebeslied von Reinhard Mey im Ohr? Oder Eric Claptons »More than words« oder »I will always love you« von Whitney Housten oder »All you need is love« von den

Beatles oder Céline Dions »My heart will go on« oder »Halt mich« von Herbert Grönemeyer?

HAST DU DA TÖNE?

Summen oder singen Sie ein Liebeslied, wenn Ihnen die Melodie dazu einfällt. Vielleicht träumen Sie sich dabei ja zurück in eine frühere Liebe? Oder überlegen Sie, welche Liebesmusik Sie schon lange nicht mehr gehört haben, und begeben Sie sich auf die Suche.

Von solch einer einzigartigen großen Liebe, wie sie in unendlich vielen Liebesliedern, Schlagern, Arien, Duetten, Balladen, Pop- und Rocksongs oder Chansons besungen wird, haben wir wohl alle einmal geträumt – oder träumen noch davon –, es sei denn, wir durften oder dürfen sie erleben.

Es liegt, über Freundschaftsbindungen hinaus, ein tiefes Glück darin, wenn wir in einer Partnerschaft leben, in der wir uns wahrgenommen und geborgen fühlen, in der die vertraute Nähe fühlbar wird, indem nicht nur der Körper gestreichelt wird, sondern zugleich die Seele. Wenn wir uns ganz und gar bei dem anderen zu Hause fühlen und sicher sein können, dass wir uns, auch in schwierigen Situationen, aufeinander verlassen können, so wie es folgende Sage schildert:

Weinsberg ist eine alte kleine Stadt am Neckar. Die Geschichtsbücher erzählen davon, dass das Heer von König Konrad III. einst die Stadt überfallen hatte. Ihren Einwohnern hatte er mitteilen lassen, dass er keinen Mann dort am Leben lassen würde. Da überkam alle ein großes Wehgeschrei. Doch nach kurzer Zeit besannen sich die Frauen und überlegten miteinander, wie sie den Drohungen des Königs entkommen konnten. Schließlich trat eine von ihnen vor den König und sagte: »Wie ergeben uns, aber eine Bitte möchte ich Euch vortragen, Eure Hoheit. Gestattet uns doch, wenn wir die Stadt verlassen, dass eine jede von uns das Kostbarste mitnehmen darf, was sie auf ihren Schultern tragen kann.« Nach kurzem Zögern bewilligte der König ihr diesen Wunsch. Da packte eine jede ihren Mann auf die Schultern und trug ihn hinaus. Als das Gefolge des Königs sah, was geschah, stellten sie sich den Frauen in den Weg und meinten, dass der König das nicht erlauben würde. Der aber lachte nur angesichts der List der Frauen und meinte: »Ich habe euch mein Wort gegeben, das soll auch gelten«, und ließ die Frauen mit ihren Männern ziehen.

Am schönsten ist es, wenn wir in solch unverbrüchlicher Treue und Vertrautheit miteinander alt werden können.

Die Realität sieht leider anders aus. Jede zweite bis dritte Ehe wird geschieden, auch wenn der Trend leicht rückläufig ist. Aber aus welchen Gründen trennen sich Menschen, die sich doch einmal geliebt haben?

Vielleicht verwechseln wir Verliebtheit mit Liebe. In den ersten Jahren – meiner Erfahrung im Umgang mit jungen Menschen nach handelt es sich dabei meistens um zwei bis drei Jahre – sind wir verliebt und träumen uns in einen seligen Gefühlsrausch. Wir haben gewissermaßen »Schmetterlinge im Bauch«. Und angesichts dieser Schmetterlinge sehen wir nur die angenehmen Seiten des Partners oder der Partnerin, ja, wir überhöhen sie vielleicht sogar. War der letzte Partner, die letzte Partnerin zum Beispiel introvertiert und glücklich, sich in heimischer Idylle mit den eigenen Interessen zu beschäftigen, so sind wir selig, wenn wir in der nächsten Beziehung einen extrovertierten Partner finden und durch ihn wieder einen Zugang zur Außenwelt entdecken. Besuche von Märkten, Kaufhäusern, Konzerten oder Partys beleben uns mit dem, was wir vielleicht lange Zeit vermisst haben. Doch auch dieser Rausch nimmt nach und nach ab. Haben wir uns vielleicht zu sehr auf die Bedürfnisse des anderen eingestellt, ohne danach zu fragen, was wir eigentlich selbst wollen? Oder ernüchtert uns der gemeinsame Alltag, in dem es auch darum geht, wer, um nur zwei bekannte Beispiele zu nennen, einkauft und den Mülleimer vor die Tür stellt? Können wir uns daran gewöhnen, die Partnerin ungeschminkt und den Partner im Hausanzug zu ertragen? Wo wir uns anfangs doch immer so schick zurechtgemacht hatten, wenn wir miteinander ausgegangen sind?

Verliebt sind wir in der ersten Zeit in die sogenannten ›Schokoladenseiten‹ der oder des anderen, aber die Frage stellt sich, wie aus der Verliebtheit der ersten Zeit Liebe entstehen und sich entwickeln kann.

Liebe will wachsen und reifen. Dazu gehört, dass wir nach und nach auch die Seiten an dem Partner bzw. der Partnerin wahrnehmen und anzunehmen lernen, die wir nicht so gerne mitgeheiratet hätten. Ich habe diesen Gedanken vor vielen Jahren einmal in einer Traupredigt ausgesprochen. Glauben Sie mir, es war das einzige Mal, dass in einem meiner Gottesdienste herzhaft gelacht wurde.

Man muss miteinander lernen, den Alltag zu bewältigen und die anfallenden Hausarbeiten gleichmäßig untereinander aufteilen. Das ist leider noch nicht für alle Paare selbstverständlich. Eine frühere Schülerin von mir war mit siebzehn Jahren Mutter geworden. Sie beklagte sich einmal darüber, dass sie tagsüber in der Praxis stünde, für die Ausbildung lernen, zugleich den Haushalt und auch das Kind versorgen müsse. Ihr Lebensgefährte legte sich derweil, wenn er von der Arbeit nach Hause kam, auf das Sofa und ließ sich noch mit einer Flasche Bier bedienen. Ich riet ihr energisch, ihm noch am gleichen Abend ein Geschirrtuch in die Hand zu drücken. Als ich das Klassenzimmer zur nächsten Stunde wieder betrat, hatte ich den Türgriff noch in der Hand, als mir schon fröhlich entgegentönte: »Frau Spilling-Nöker, es hat geklappt.«

Nicht zu unterschätzen sind gemeinsame Rituale. Dazu gehört zum Beispiel das gemeinsame Essen, zu dem man am Abend eine Kerze anzündet, ein Gutenachtkuss oder auch ein Sonntagsspaziergang.

Etwas anders liest sich allerdings folgende kleine Geschichte:

Eine Frau erzählte: »Ich und und mein Mann haben es uns in unserer Ehe zur Gewohnheit gemacht, jede Woche das hübsche kleine Restaurant aufzusuchen, in dem wir uns kennengelernt haben. Auf den Tischen stehen Kerzen, im Hintergrund spielt leise Klaviermusik und das Essen ist delikat.« Nach einer kurzen Pause setzte sie hinzu: »Ich gehe dienstags dorthin und mein Mann donnerstags.«

Was zunächst ein Schmunzeln hervorruft, hat einen bedenkenswerten Hintergrund. Die Symbiose, in der wir in der ersten Zeit der Verliebtheit leben, lässt sich nicht bis zur Goldenen Hochzeit durchhalten. Nicht einmal bis zur Silbernen. Jeder braucht seine persönliche Freiheit, die nicht nur darin bestehen sollte, eine eigene Meinung zu haben, sondern sie zugleich nach außen hin selbstbestimmt zu vertreten. Das veranschaulicht folgende Anekdote:

Der Schriftsteller Franz Werfel war mit Alma Mahler-Werfel, der Witwe von Gustav Mahler, verheiratet, der der Ruf einer Haustyrannin vorauseilte. Zu der Zeit, als die Nationalsozialisten in Deutschland die Macht übernommen hatten, war der Journalist Egon Jacobsen bei dem Ehepaar Werfel zu Besuch. »Was denkst du über die derzeitige politische Situation?«, fragte er Franz Werfel. »Nun ja, ich weiß nicht so recht ...«, zögerte der Schriftsteller, stand auf, öffnete die Tür zum Nebenzimmer und rief: »Alma, Liebste, komm doch bitte mal herüber. Hier möchte jemand meine Meinung hören!«

Über die eigene Meinung hinaus braucht jeder seine persönlichen Hobbys, seinen Freundeskreis, seine ganz individuellen Kontakte. Ein Partner kann nicht alle Interessen und Lebensbereiche des anderen abdecken. Wenn man das versuchen will, nimmt man sich gegenseitig die Luft zum Atmen. Der andere muss auch nicht alles wissen. Ein guter Freund meinte einmal: »Man muss nicht alles sagen, aber man muss alles sagen können.«

Noch einen ganz anderen Aspekt für die Ursachen einer langjährigen glücklichen Ehe verriet mir einmal ein Ehepaar mittleren Alters:

Als ich dem Ehepaar zur Silbernen Hochzeit gratulierte, fragte ich die beiden, wie sie es denn geschafft hätten, fünfundzwanzig Jahre lang miteinander glücklich zu sein.

»Das Geheimnis wollen wir Ihnen gerne verraten«, lächelten beide. »Es liegt darin, dass man nicht mehr erwartet, dass der andere einen selbst glücklich macht, und dann beklagt, wenn ihm das nicht gelingt, sondern darin, dass jeder stets auf das Glück und das Wohlergehen des Partners bedacht ist. Wenn man aufhört nachzurechnen, was man bekommt oder was einem fehlt, sondern alle seine Kräfte fantasievoll dafür einsetzt, dem anderen das zu geben, was er braucht und was ihm guttut, dann nimmt man das, was einem dadurch selbst an Liebe widerfährt, als Geschenk an und kann sich daran vorbehaltlos freuen.«

Vielleicht ist solch ein Perspektivwechsel, von dem ja schon einmal die Rede war, auch hier wieder ein Schlüssel zum Glück: Wir könnten nicht immer nur nach dem fragen, was wir bekommen und haben wollen – und unzufrieden sein, wenn sich unsere Erwartungen nicht erfüllen –, sondern unser Augenmerk auf das richten, *was* wir erhalten. Und das ist oftmals, wenn wir es uns einmal bewusst machen, sehr viel.

Doch bei aller Liebe gibt es in jeder Partnerschaft, wie auch in jeder anderen menschlichen Beziehung, immer wieder einmal Spannungen und Krisen, mit denen wir uns auseinandersetzen müssen.

VERSÖHNT LEBEN

VOM GLÜCK,
FRIEDEN ZU FINDEN

In jeder menschlichen Beziehung geraten wir irgendwann in Konflikte miteinander. Wir streiten, kränken und verletzen uns gegenseitig — bewusst oder unbewusst. Solche Spannungen und Auseinandersetzungen können eskalieren, bis man vielleicht nicht mehr miteinander spricht oder den Kontakt zueinander abbricht. Es mag sein, dass der andere den Streit ausgelöst hat. Aber meistens haben wir selbst auch einen Anteil daran. Doch wir neigen grundsätzlich gerne dazu, anderen die Schuld in die Schuhe zu schieben und Argumente zur eigenen Entschuldigung zu sammeln, nach dem Modell von Adam und Eva: Adam: ›Das Weib hat mich verführt, von der verbotenen Frucht zu essen.‹ Eva: ›Die Schlange hat mich verführt, von der verbotenen Frucht zu essen.‹ Hurra, wir haben einen Sündenbock. Es kostet wohl einige Kraft der Selbstüberwindung, auf den anderen zuzugehen und zu sagen: »Komm, lass uns miteinander reden und den Konflikt aus dem Weg räumen.« Und in dem Zusammenhang auch die eigenen Fehler einzugestehen und um Verzeihung zu bitten.

Geh hin, zu der Schwester, dem Bruder,
halte zugleich mit der anderen Wange
die Hand zur Versöhnung hin.

Geh hin, zu der Schwester, dem Bruder,
wage ein freundliches Wort.
Wer von uns kann schon
einer Geste der Liebe widerstehen?

Mir persönlich ist es sehr wichtig, mich mit Menschen, mit denen ich zerstritten bin, auszusöhnen – oder es zumindest zu probieren. Leider habe ich aber auch schon erlebt, dass selbst mehrfache Versuche gescheitert sind, mit Menschen, die den Kontakt zu mir aus für mich unerfindlichen Gründen abgebrochen haben, wieder in Beziehung zu treten. Ich hatte gehofft, wenigstens erfahren zu dürfen, aus welchem Grund die Freundschaft ein Ende gefunden hatte. Aber auch auf entsprechende Nachfragen erhielt ich keine Antwort. Lange Zeit habe ich darunter gelitten, bis ich die Situation so, wie sie war, akzeptieren und den Menschen, der mir einst sehr am Herzen gelegen hatte, loslassen konnte.

Ganz anders ist es, wenn man keine Gelegenheit mehr findet,

Konflikte mit einem anderen Menschen zu bereinigen. Vor einiger Zeit erzählte mir eine Freundin folgendes Ereignis: Gute Bekannte von ihr, ein Ehepaar in den mittleren Jahren, hatten sich am Abend heftig gestritten, sodass er die Tür ins Schloss geworfen und aus dem Haus gelaufen war. Sie fühlte sich nicht wohl und war früh schlafen gegangen. Am nächsten Morgen hatte ihre dreizehnjährige Tochter sie tot im Bett gefunden. Wie, frage ich mich, kann der Mann damit weiterleben?

Natürlich darf und kann man nicht jede Auseinandersetzung unter den Teppich kehren. Aber vielleicht kann man – gerade in Partnerschaften – eine Kontroverse soweit beruhigen, dass man miteinander zumindest in versöhnlicher Absicht in die Nacht geht. Damit es Ihnen nicht ergeht, wie dem Mann in der folgenden kleinen heiteren Geschichte:

Eigentlich verlief der Abend ganz friedlich. Er hatte am nächsten Tag einen wichtigen Geschäftstermin in London und bat seine Frau, ihn um 6 Uhr zu wecken, damit er das Flugzeug nicht verpasse. Später gerieten sie jedoch in einen erbitterten Streit, bis er sie anschrie, dass er bis auf Weiteres kein einziges Wort mehr von ihr hören wolle. Als er am nächsten Morgen erwachte und auf den Wecker blickte, wurde er bleich. Es war 9 Uhr. Er fuhr wütend hoch. Auf dem Nachttisch entdeckte er einen Zettel, auf dem stand: »Es ist 6 Uhr, du musst aufstehen.«

Was lernen wir daraus? Man sollte nie die Nacht beginnen, ohne sich gegenseitig ein Wort der Versöhnung geschenkt zu haben – vor allem, wenn man keinen eigenen Wecker hat.

Aber Spaß beiseite: Erinnern Sie sich doch einmal an das gute, ja, beglückende Gefühl, wenn Sie sich wieder mit einem Menschen, mit dem Sie zerstritten waren, ausgesöhnt haben. An den Stein, der Ihnen vom Herzen gefallen ist, und an die Erleichterung, die Sie in diesen Momenten gespürt haben. Denken Sie bitte oft daran! Vielleicht gibt Ihnen ja auch folgende Geschichte zu denken:

BEVOR ES ZU SPÄT IST

Wir hatten uns während des Studiums kennengelernt, Thomas und ich. Wir hatten zusammen für das Examen gebüffelt und bei zahlreichen Tassen Kaffee im Studentenwohnheim hatte sich eine zarte Freundschaft entwickelt. So manches Mal hatten wir die Bücher beiseitegelegt und einander erzählt; von zu Hause, von unseren Freundschaften, von unseren Zukunftsplänen und beruflichen Erwartungen. Lange Zeit schrieben wir uns regelmäßig, luden uns gegenseitig zu unseren Hochzeiten ein und überbrückten zunächst so den großen räumlichen Abstand, der die anfangs regelmäßigen gegenseitigen Besuche immer seltener werden ließ. Doch auch die Briefe reduzierten sich allmählich auf ein paar Zeilen zu

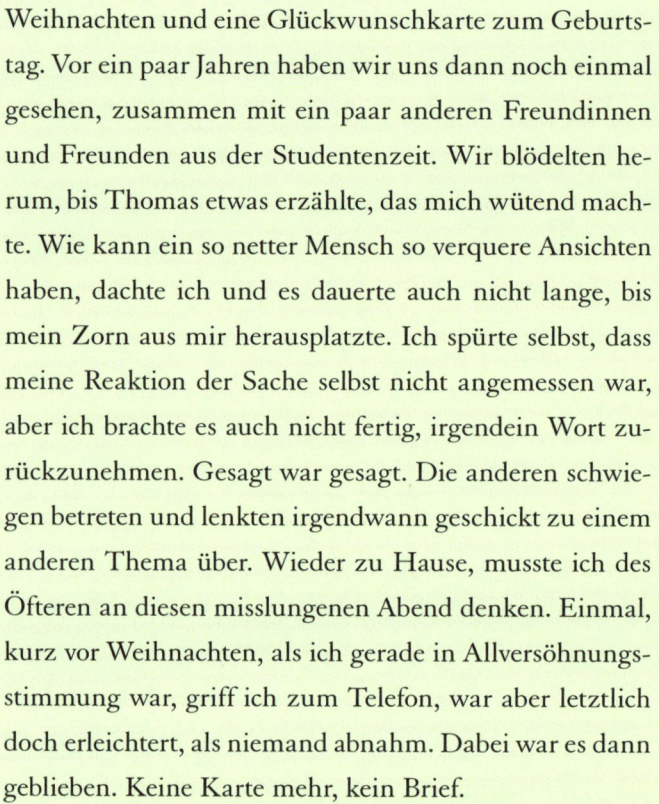

Weihnachten und eine Glückwunschkarte zum Geburtstag. Vor ein paar Jahren haben wir uns dann noch einmal
gesehen, zusammen mit ein paar anderen Freundinnen
und Freunden aus der Studentenzeit. Wir blödelten herum, bis Thomas etwas erzählte, das mich wütend machte. Wie kann ein so netter Mensch so verquere Ansichten
haben, dachte ich und es dauerte auch nicht lange, bis
mein Zorn aus mir herausplatzte. Ich spürte selbst, dass
meine Reaktion der Sache selbst nicht angemessen war,
aber ich brachte es auch nicht fertig, irgendein Wort zu-
rückzunehmen. Gesagt war gesagt. Die anderen schwie-
gen betreten und lenkten irgendwann geschickt zu einem
anderen Thema über. Wieder zu Hause, musste ich des
Öfteren an diesen misslungenen Abend denken. Einmal,
kurz vor Weihnachten, als ich gerade in Allversöhnungs-
stimmung war, griff ich zum Telefon, war aber letztlich
doch erleichtert, als niemand abnahm. Dabei war es dann
geblieben. Keine Karte mehr, kein Brief.

Jahre vergingen. Irgendwann beim Aufräumen fielen
mir alte Briefe in die Hand. Wie viel Vertrautheit und
Wärme sprach aus den Zeilen, wie viel Sensibilität und
Verständnis. Was hatten wir einander alles anvertraut.
Erinnerungen an die guten alten Zeiten wurden wieder
wach. Und plötzlich stand mir auch die ganze Szene bei
unserem letzten Treffen wieder vor Augen, jedes böse

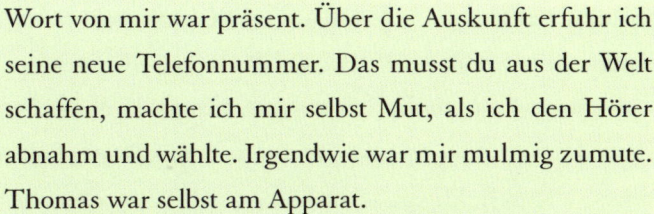

Wort von mir war präsent. Über die Auskunft erfuhr ich seine neue Telefonnummer. Das musst du aus der Welt schaffen, machte ich mir selbst Mut, als ich den Hörer abnahm und wählte. Irgendwie war mir mulmig zumute. Thomas war selbst am Apparat.

»Du?«, rief er erstaunt, aber nicht so distanziert oder gar böse, wie ich erwartet hatte. »Das ist ja eine Überraschung. Wie geht es dir?«

Zaghaft arbeitete ich mich nach einigen Höflichkeitsfloskeln zu dem Grund meines Anrufs durch. Mein Herz klopfte.

»Ach, die alte Geschichte macht dir noch zu schaffen?!«, rief er fast heiter. »Ja, das war übel damals. Ich habe lange darüber nachgedacht, was dich so hat gegen mich aufbringen können. Zunächst habe ich dann auch aufgrund dieses Streites nicht mehr geschrieben, weil ich das Gefühl hatte, dass da gar kein Verständnis, keine Nähe mehr ist. Dann kam die Krankheit. Krebs: Krankenhausaufenthalte, Operationen, Chemotherapie, Kurheim, Leben auf Sparflamme also. Da war ich ziemlich viel mit mir selbst beschäftigt.« Mir stockte der Atem. »Vor drei Jahren stand es nicht so gut um mich, aber jetzt bin ich über den Berg«, plauderte er mit nahezu fröhlicher Stimme weiter. Ich schwieg und rechnete nach, dass es ungefähr drei Jahre her war, als ich das eine Mal, ja mehr aus einer Laune heraus, vergeblich versucht hatte, Thomas zu erreichen. Vielleicht hätte er gerade in dieser Zeit meine Freundschaft besonders dringend gebraucht. Obendrein wäre es möglicherweise fast zu spät gewesen, mich zu entschuldigen. Ich schluckte.

»Eh, du sagst ja gar nichts, bist du noch dran? Was ist los mit dir?« Das musste ausgerechnet er mich fragen. Ich schämte mich tief und brachte das endlich auch über die Lippen.

»Wir sollten diese Episode von damals ein für alle Mal begraben und mit einem guten Glas Wein darauf anstoßen, dass wir unsere Freundschaft neu beginnen. Es kann so schnell gehen, dass es zu spät dazu ist«, setzte er leise hinzu und sprach damit aus, was ich gerade gedacht hatte. »Kommt uns doch mal wieder besuchen!«

Wir haben dann gleich einen Termin ausgemacht.

Ist das Leben
nicht viel zu kurz,
um lange
auf jemanden
böse zu sein?

VERSÖHNUNGSGEDANKEN

Vielleicht regt Sie die Geschichte ja dazu an, sich für die nächste Zeit, möglicherweise sogar für den heutigen Abend vorzunehmen, sich mit einem Menschen in Verbindung zu setzen, mit dem Sie zerstritten sind. Rufen Sie ihn an oder schreiben Sie ihm einen Brief. Es könnte ja sein, dass sich der Konflikt doch noch beilegen lässt, sodass Sie befreit aufatmen können.

Ich wünsche Ihnen und mir von Herzen ein langes Leben. Aber ich denke manchmal, dass man das Leben am Ende leichter loslassen kann, wenn man keine unbereinigten Altlasten mehr mit sich herumträgt.

SICH ANNEHMEN KÖNNEN

VOM GLÜCK, SICH SELBST LIEB ZU HABEN

 Versöhnung mit einem anderen Menschen – das ist das eine. Aber wie sieht es mit uns selbst aus? Können wir uns so akzeptieren, wie wir sind? Mögen wir uns selbst? Hören wir doch einmal auf den Ratschlag der Eule in dem folgenden Märchen.

DER RATSCHLAG DER EULE

An den Sümpfen des Mississippi lebte vor langer Zeit einmal ein winzig kleiner Mann. Er war so klein, dass er

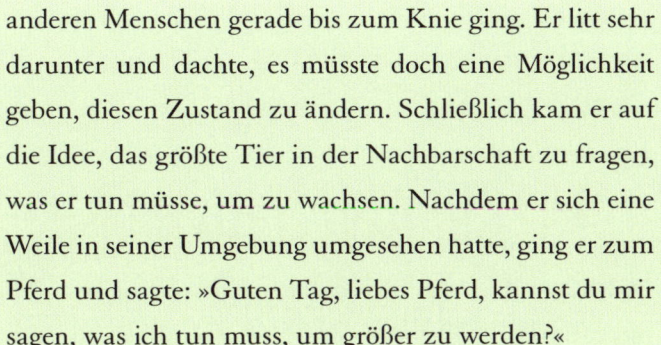

anderen Menschen gerade bis zum Knie ging. Er litt sehr darunter und dachte, es müsste doch eine Möglichkeit geben, diesen Zustand zu ändern. Schließlich kam er auf die Idee, das größte Tier in der Nachbarschaft zu fragen, was er tun müsse, um zu wachsen. Nachdem er sich eine Weile in seiner Umgebung umgesehen hatte, ging er zum Pferd und sagte: »Guten Tag, liebes Pferd, kannst du mir sagen, was ich tun muss, um größer zu werden?«

Das Pferd sprach: »Du musst jeden Tag ganz viel Mais futtern und weite Strecken umherlaufen, mindestens zwanzig Meilen. Dann wirst du so groß und stark wie ich.« Der kleine Mann bedankte sich bei dem Pferd für den guten Rat, den er auf der Stelle befolgte. Doch der Mais lag ihm schon nach kurzer Zeit schwer im Magen und vom vielen Traben brannten seine Füße vor Schmerz, aber er wuchs nicht einen einzigen Zentimeter. Da wurde er sehr traurig und weinte still vor sich hin. Schließlich überlegte er, dass das Pferd wohl der falsche Ratgeber gewesen sei, und machte sich zum Ochsen auf. »Guten Tag, lieber Ochse, kannst du mir wohl eine Anregung dazu geben, was ich tun muss, um zu wachsen?«

»Nichts leichter als das«, meinte der Ochse selbstsicher. »Du musst morgens, mittags und abends Gras fressen und immer ganz, ganz laut brüllen, dann bist du bald so groß und stark wie ich.« Der kleine Mann bedankte

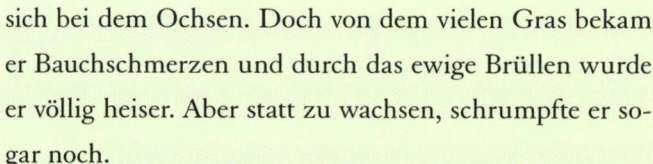

sich bei dem Ochsen. Doch von dem vielen Gras bekam er Bauchschmerzen und durch das ewige Brüllen wurde er völlig heiser. Aber statt zu wachsen, schrumpfte er sogar noch.

Tief betrübt ging er nach Hause zurück und setzte sich vor die Tür. Da kam eine Eule vorbeigeflogen und fragte ihn nach der Ursache seines Kummers. »Ich möchte gerne größer sein, als ich jetzt bin, aber ich kann machen, was ich will, es gelingt mir einfach nicht.« Und er erzählte der Eule, was ihm das Pferd und der Ochse geraten hatten. Die Eule schüttelte den Kopf. »Warum möchtest du denn gerne größer sein, als du bist?«, fragte sie. »Nun, wenn mich einmal ein großer Kerl angreift, dann möchte ich mich wehren können«, antwortete der kleine Mann. »Ist denn schon einmal jemand über dich hergefallen und hat dich verprügelt?« »Nein, das nicht«, räumte der kleine Mann ein. »Na siehst du, du brauchst dich gar nicht im Streit mit anderen zu messen. Kannst du mir einen anderen Grund nennen, aus dem du unbedingt größer sein willst?« »Große Menschen können viel weiter sehen als ich.« »Wenn du eine bessere Aussicht haben möchtest, brauchst du doch nur auf einen Baum zu klettern. Von dort aus kannst du viel weiter blicken als der größte Mensch.« »Da hast du auch wieder recht«, murmelte der kleine Mann. »Ich sehe, wir verstehen uns«, meinte die Eule. »Es ist doch gar nicht von Bedeutung, was für eine äußere Gestalt du hast, ob du mit kurzen oder langen Beinen durch das Leben gehst. Wichtig allein ist, dass dein Verstand immer mehr wächst. Und das kannst du Tag für Tag üben. Dann werden auch deine Sorgen verschwinden.« Sprach's und erhob sich weit in die Lüfte.

Aber wie verhält es sich mit unseren anderen angeblichen Mängeln, die wir an uns beklagen; mit unseren Ängsten und inneren Konflikten?

Können wir die dunklen Seiten, die wir haben, als Teil unserer Persönlichkeit akzeptieren? Und können wir uns die Fehler, die wir in unserem Leben gemacht haben, vergeben? Oder streichen wir jeden rot an, wie es die Lehrer früher in unseren Schulheften getan haben, und schreiben dann am Ende womöglich noch »mangelhaft« in unser Lebensbuch?

Und wie sieht es mit den Wunden aus, die uns im Laufe des Lebens zugefügt worden sind? Den Verletzungen, die wir in unserer Kindheit, in einer Partnerschaft oder in anderen menschlichen Beziehungen erleiden mussten? Den Ängsten, die sich daraus entwickelt haben? Beißen wir uns an ihnen und damit an der Vergangenheit fest? Bedauern wir uns immer wieder, weil wir so tief verletzt worden sind? Hadern wir mit unseren Enttäuschungen und unseren Misserfolgen?

Oder können wir unsere leidvollen Erfahrungen im Laufe der Zeit als einen Teil unserer einmaligen Existenz annehmen und uns mit ihm aussöhnen? Ich weiß persönlich ganz genau, wovon ich hier rede. Es ist erst ein paar Jahre her, als mir klar wurde, dass ich ohne die erlittenen Kindheitsverletzungen, die ich hier weiß Gott nicht schönreden will, nicht zu dem Menschen geworden wäre, der ich jetzt bin. Mein Trotzkopf ›Euch werde ich es schon zeigen‹ hat mich eben auch stark werden lassen. Die erlittenen Wunden haben das Wunder von Wandlung und Selbstfindung mit bewirkt und mir meinen individuellen Weg, wie ich ihn mir erkämpfen musste, erst ermöglicht. Es war ein langer und schmerzhafter Prozess, bis ich zu dieser Einsicht gelangen konnte und bis ich gelernt habe, mich selbst zu mögen und anzunehmen. Vergangenes quält mich nun nur noch selten und Angststörungen und Panikattacken sind deutlich zurückgegangen. An ihrer Stelle haben sich mir neue Freiräume für die Gegenwart und Zukunft erschlossen.

Vielleicht geht es auch hier wieder um einen Perspektivwechsel nach den Worten des deutschen Philosophen E. Matani:

Der eine sieht nur Bäume,
Probleme, dicht an dicht.
Der andre Zwischenräume –
und das Licht.

E. MATANI

Es wäre schön, wenn wir zu den »anderen« gehören würden, wenn uns mehr und mehr die lichten Erfahrungen, die hellen und glücklichen Stunden, unsere gelungenen Unternehmungen und persönlichen Erfolge gegenwärtig sind, sodass wir uns nachhaltig an ihnen freuen können.

SICH SELBST ACHTEN

Folgende kleine Übung kann ein Anstoß zur Versöhnung mit sich selbst sein: Stellen Sie sich in Ihrer Wohnung an einen freien Platz. Suchen Sie sich mit den Füßen einen festen Halt. Sie können zunächst gern etwas schwanken, bis Sie Ihren persönlichen Standpunkt gefunden haben, von dem aus Sie sich dem Leben stellen können.

Lassen Sie die Schultern fallen, tragen Sie den Kopf aufrecht und richten Sie sich so auf, als wären Sie ein Baum, der zum Himmel emporwachsen möchte – und Sie werden spüren, dass Sie jemand sind. Unverwechselbar und einmalig.

Klopfen Sie sich zuerst mit der rechten Hand auf die linke Schulter und anschließend mit der linken Hand auf die rechte Schulter. Schließlich haben Sie Anerkennung verdient. Und nun denken Sie an ein Ereignis, das Sie mit Freude erfüllt hat, weil Ihnen etwas Schönes gelungen ist. Ob Sie jetzt ein wenig lächeln?

Ich empfehle Ihnen, diese kleine Übung – sich selbst zu würdigen – immer wieder einmal zu machen und Sie werden Ihr Leben zunehmend in neuem Licht sehen. Je nachhaltiger Sie das Schöne und Gelungene in Ihrem Leben bewusst wahrnehmen, desto mehr Kraft wächst Ihnen zu, das nicht Geglückte zu ertragen und in einem vielleicht langen Prozess zu integrieren und anzunehmen. Sie werden nach und nach zur Übereinstimmung mit sich selbst finden. Mit anderen Worten: Sie reifen dahin, sich selbst lieb zu haben. Schließlich heißt es schon in der Bibel: »Liebe deinen Nächsten wie dich selbst.« Doch über den moralischen Imperativ zur Nächstenliebe fällt die Selbstliebe meistens unter den Tisch. Vielleicht sollte man das Bibelwort einmal umdrehen: Wenn du dich selbst lieb hast, dir mehr Genuss erlaubst und dir mehr gönnst, fühlst du dich auch dazu befreit, für andere Menschen in vielerlei Hinsicht mehr übrig zu haben.

GENUSS IM ALLTAG

VOM GLÜCK, SICH ETWAS ZU GÖNNEN

»Ja, wer mit sich selbst schlecht umgeht, wem kann der gut sein? Denk also daran: Gönne dich dir selbst. Ich sage nicht: Tu das immer. Ich sage nicht: Tu das oft. Aber ich sage: Tu es immer wieder einmal. Sei wie für alle anderen auch für dich selbst da oder jedenfalls sei es nach all den anderen.« Dieser Satz stammt von dem Kirchenvater Bernhard von Clairvaux (1090–1153). Gönne dich dir selbst, tue dir immer wieder etwas Gutes! Tun wir das? Oder verschleißen wir unsere Kräfte im Berufsalltag, im Engagement für alle möglichen Vereine, für die Familie? Haben wir manchmal das Gefühl, dass wir selbst dabei zu kurz kommen? Arbeiten wir bisweilen bis zur Erschöpfung, ohne uns schöpferische Pausen einzurichten?

Was würden Sie sich gern gönnen? Einen Tag zu Hause im Pyjama vertrödeln? Einen Kinobesuch mit einer großen Tüte Popcorn? Ein warmes Bad? Oder ...?

WOHLIGKEIT

Am Abend
eines anstrengenden Tages
in einem Schaumbad versinken,
die Wärme des Wassers
am ganzen Körper
genüsslich verspüren,
tief durchatmen,
sich entspannen
und dabei an etwas
Schönes denken,
um dem Schlaf schon
entgegenzuträumen.

Die nächste Frage, die sich stellt, lautet: Warum gönnen Sie sich nicht das, was Ihnen guttäte? Scheitert es am Geld? Bei einem warmen Bad sicher nicht. Da wohl eher an der nicht vorhandenen Badewanne. Aber Sie haben sicher auch noch ein paar andere Ideen, womit Sie sich selbst verwöhnen möchten. Lassen Sie Ihren lustvollen Gedanken einfach einmal freien Lauf. Ich bin sicher, dass Ihnen schon das Richtige einfällt.

Oder haben Sie etwa das Gefühl, dass Sie sich für ein Vergnügen keine Zeit nehmen dürfen, weil Sie so erzogen worden sind wie ich: Erst die Arbeit, dann das Vergnügen – zu dem es aber eigentlich selten kam. Oder: Du musst immer hübsch bescheiden sein. Solche spartanische Erziehung prägt zur Unterdrückung der eigenen Wünsche und vitalen Bedürfnisse – und zwingt diese Lebenshaltung dann gern auch anderen auf – oder weckt den Neid auf diejenigen, die sich trauen, sich vom Leben etwas herauszunehmen. Dauerhafte Unterdrückung von Wünschen und Bedürfnissen aber kann zu Depressionen führen. Wenn wir uns dessen bewusst werden, können wir versuchen, gegen sie an zu leben. Hierzu wieder eine kleine Geschichte:

Eine junge Frau berichtete, dass sie mit diesem Grundsatz groß geworden war: Erst die Arbeit, dann das Vergnügen. Sie hatte sich dementsprechend in ihrem Leben eingerichtet: Stets stand die Pflichterfüllung an erster Stelle. Das Problem war nur, dass sich, kaum hatte sie eine Arbeit beendet, eine neue Aufgabe vor ihr ausbreitete. So konnte man wohl ihre Gewissenhaftigkeit rühmen, doch die lustvolle Freude am Vergnügen fand nur selten Raum in ihrem Leben. Bis sie eines Tages lachend erzählte: »Gestern habe ich meiner Erziehung ein Schnippchen geschlagen: Ich habe den ganzen Nachmittag über ein Puzzle gelegt. Das hat mir enorm viel Spaß gemacht.

Und siehe da: Die notwendigen Arbeiten habe ich am Abend dann auch noch schnell und gut erledigen können.«

Diese Frau hat gelernt, sich Zeit für sich selbst zu nehmen, für den Spaß, für das Vergnügen – mitten am Tag. Sie hat der Lust am Spiel den Vorrang gegeben und dadurch neue Kräfte geschöpft.

LEBEN MIT ALLEN SINNEN

VOM GLÜCK EINES
SINN-VOLLEN DASEINS

Wie viel Lustvolles gönnen wir uns? Oder sind unsere Sinne durch Stress oder die ständige Reizüberflutung durch die Medien bereits so abgestumpft, dass wir sie gar nicht mehr richtig wahrnehmen? Geht es uns manchmal so, wie es der folgende Text beschreibt?

Sie haben zwar einen Mund,
aber letztendlich haben sie
nicht wirklich etwas zu sagen.
Sie können zwar sehen,
sind aber blind
für die vielfachen Schönheiten,

die sie tagtäglich umgeben.
Sie können zwar hören,
aber nicht wirklich ganz Ohr sein
für das, was ihnen ein Mensch
offenbart und anvertraut.
Sie können zwar riechen,
aber den Duft einer Rose
nicht mehr vom Benzin
ihres Autos unterscheiden.
Sie können zwar fühlen,
aber sie nehmen ihren Liebsten
in seiner Persönlichkeit
gar nicht mehr wahr
als den, der er ist.

Vielleicht können wir uns ja in Zukunft darin einüben, mit unseren Sinnen achtsamer und bewusster umzugehen, damit sich unsere Lebenslust anhaltend steigert.

EIN AUGENSCHMAUS

Es gibt unendlich viel Schönes, das wir jeden Tag in unserer Welt entdecken und anschauen können. Betrachten Sie einmal in Ruhe Ihre Umgebung. Wenden Sie Ihren Blick weg von dem Berg ungebügelter Wäsche im Bad hin zu der Sonne, die durch das Fenster scheint, und von überfüllten Papierkörben in den Straßen der Stadt hin zu den Krokussen oder – je nach Jahreszeit – zu den Margeriten oder zu den blühenden oder in farbigem Herbstlaub leuchtenden Bäumen. Verharren Sie dort einen Augenblick und nehmen Sie das angenehme Bild tief in sich auf, damit es in Ihrer Erinnerung bleibt und Sie es zu einem späteren Zeitpunkt wieder in sich wachrufen können. Sie müssen das ganze Arrangement nicht fotografieren, um es sich später auf dem Bildschirm ansehen zu können. Was tief in Ihrer Seele ruht, wirkt sich mehr auf Ihr Wohlbefinden aus als die Betrachtung eines – nach allen Regeln heutiger technischer Finessen – abgelichteten Bildes.

Wie aber würde sich unser Leben gestalten, wenn wir kein Augenlicht hätten? Die folgende Geschichte berührt mich als große Gartenliebhaberin sehr.

DER GARTEN DES BLINDEN

In einem kleinen Haus, das von einem großen Garten umgeben war, lebte ein Mann, der seit einigen Jahren erblindet war. Dennoch verbrachte er jede freie Minute darin; er wässerte und düngte, pflanzte, schnitt Verblühtes aus Stauden und Rosenstöcken, sodass der Garten zu allen Jahreszeiten ein wundervolles Farbspiel abgab.

Eines Tages kam ein Wanderer an dem Grundstück vorbei und bestaunte die Pracht. »Sagen Sie«, sprach er den Blinden an, »weshalb gestalten Sie den Garten so schön? Sie können diese ganze Herrlichkeit doch gar nicht sehen.«

»Das stimmt.«

»Wozu geben Sie sich dann diese viele Mühe?«

»Nun, dafür gibt es einige gute Gründe«, erwiderte der blinde Gärtner. »Zum einen hat mir Gartenarbeit zeitlebens Freude gemacht. Ich kann die Blumen zwar nicht sehen, aber ich kann sie betasten und ihren Duft einatmen. Ein weiterer Grund sind Sie.«

»Ich?«, fragte der Fremde erstaunt. »Sie kennen mich doch gar nicht.«

»Das ist richtig«, lächelte der Gärtner. »Sie persönlich kenne ich nicht. Aber hier kommen manchmal Leute vorbei, bleiben am Gartenzaun stehen, bestaunen die Blumenpracht und halten ein Schwätzchen mit mir. Sie freuen sich über die Blumen und ich freue mich über die nette Unterhaltung wie jetzt mit Ihnen. Das ist doch viel, finden Sie nicht?«

Der blinde Mann kann sich an der Gestalt und Beschaffenheit der Blätter seiner Blumen orientieren, aber natürlich erst recht an ihrem Duft. Gewiss ist er in der Lage, die einzelnen Arten danach zu unterscheiden, etwa Rosen von Tagetes, Lavendel vom Jasmin, Levkojen von Vanilleblumen.

VERTRAUENSSPAZIERGANG

Einen Vertrauensspaziergang können Sie in der Wohnung durchführen, besser aber im Freien.

Als Erstes suchen Sie sich ein paar nette Mitspielerinnen oder Mitspieler aus dem Familien- oder Freundeskreis. Jeweils zwei tun sich zu einem Paar zusammen. Einem von beiden werden die Augen verbunden. Der andere legt die Hand in dessen Rücken und versucht ihn dadurch – ohne Worte! – zu steuern. (Vorsicht bei Treppen oder anderen möglichen Gefahrenquellen!) An markanten Punkten wie etwa einem Baum, einer Bank, einem Strauch oder einer duftenden Blume kann man ihm ein körperliches Zeichen geben, stehen zu bleiben, und mit Worten dazu auffordern, den Gegenstand zu ertasten oder die entsprechende Pflanze zu riechen. Nach einer Runde werden die Rollen getauscht. Am Ende sprechen Sie darüber, wie Sie es erlebt haben, sich als »Blinder« führen zu lassen, und welche Erfahrungen Sie dabei gemacht haben. Was haben Sie gefühlt, was gerochen, was gehört? Was hat auch der führende Partner erlebt?

GANZ OHR SEIN

Achten Sie in Ihrem Alltag einmal auf die Geräusche, die Sie umgeben, zum Beispiel auf den Verkehrslärm in der Stadt – und auf den Gesang der Amseln im Garten oder im Park.

Erinnern Sie sich? Welches Geräusch haben Sie als angenehm erlebt? Aber auch: Wessen Stimme empfinden Sie als wohltuend, welche Worte beleben Sie, welche Musik liegt Ihnen am Herzen oder was hören Sie sonst gern?

Ich selbst genieße das Vogelkonzert und das Summen der Bienen im Frühjahr und Sommer immer ganz besonders. Darüber hinaus habe ich die Erfahrung gemacht, dass mir allein die Stimme eines lieben Freundes oder einer guten Freundin – selbst am Telefon – guttut. Ich liebe das Brausen des Sturms, das Donnern bei einem Gewitter. Auch über das Brodeln des Wassers im Kessel freue ich mich, weil ich weiß, dass ich mir jetzt einen aromatischen Tee aufgießen kann, und über das Klingeln der Haustürglocke, wenn mir der Paketbote ein Päckchen bringt. Natürlich höre ich auch Musik gern, die mir gefällt.

Vielleicht müssen wir unser Gehör angesichts der vielen Geräusche, die täglich auf uns einwirken, bisweilen wieder neu sensibilisieren. Dazu soll folgende Geschichte anregen:

DAS GERÄUSCH DER GRILLE

Eines Tages besuchte ein Indianer einen weißen Mann, mit dem er befreundet war, in der Stadt. Der dröhnende Lärm, die Autos und die vielen Menschen um ihn herum verwirrten den Indianer. Die beiden Männer gingen eine Hauptverkehrsstraße entlang, als der Indianer plötzlich stehen blieb, seinem Freund auf die Schulter tippte und sagte: »Ich höre hier ganz in der Nähe eine Grille zirpen.«

Der weiße Mann schüttelte den Kopf. »Du musst dich irren«, erwiderte er, »hier gibt es keine Grillen. Und selbst wenn es hier irgendwo eine Grille gäbe, würde man doch ihr zartes Zirpen bei dem ganzen Radau nicht hören.«

Der Indianer ging ein paar Schritte und blieb vor einer mit wildem Wein berankten Hauswand stehen. Behutsam schob er die Blätter auseinander und zeigte seinem Freund eine Grille, die laut zirpte.

Als sie weitergegangen waren, sagte der Weiße zu dem Indianer: »Kein Wunder, dass du die Grille hören konntest. Ihr Indianer habt eben ein besseres Gehör als wir Weiße.«

Der Indianer lächelte, schüttelte den Kopf und erwiderte: »Da irrst du dich.« Einige Zeit später ließ er ein 50-Cent-Stück auf das Pflaster fallen. Es klimperte bei dem Aufschlag. Der weiße Mann horchte sofort auf und sah sich suchend auf dem Boden um, bis er die Münze gefunden hatte, und hob sie auf.

»Siehst du«, sagte der Indianer zu seinem Freund, »das Geräusch, das das 50-Cent-Stück gemacht hat, war nicht lauter als das Zirpen der Grille und dennoch hast du es gehört, während ich allein das Lied der Grille wahrnahm. Du siehst, dass das Gehör der Indianer keinesfalls besser ist als das der Weißen, wie du meintest. Wir hören eben alle das, worauf wir zu achten gewohnt sind.«

IN DER STILLE LAUSCHEN

Ziehen Sie sich einmal allein in ein Zimmer zurück, in dem Stille herrscht. Lauschen Sie auf das, was Sie dennoch hören, zum Beispiel das Summen einer Fliege, ein Außengeräusch oder auch den eigenen Herzschlag oder Atem.

Denken Sie nun einmal an eine Ihrer schönsten Liebesbeziehungen zurück – oder genießen Sie die gegenwärtige. Wenn Sie sich schweigend mit Ihrem Partner bzw. Ihrer Partnerin zusammengekuschelt und Ihre Nähe zueinander genossen haben, dann haben Sie den Atem des oder der anderen gehört, aber zugleich auch gespürt. Nach und nach haben Sie zum gleichen Rhythmus gefunden. Hören und Spüren haben sich miteinander verbunden.

VOM SPÜREN UND STREICHELN

Fragen Sie sich doch jetzt einmal nach dem, was Sie gern spüren, fühlen oder betasten. Ihre wärmende Bettdecke, die Erde zwischen den Fingern beim Pflanzen, das Fell Ihres Haustieres? Kinder lieben es, beispielsweise im Streichelzoo, das Fell von Kaninchen, Ziegen und Schafen zu berühren. Inzwischen weiß man darum, dass die Leiden von Menschen mit geistigen Behinderungen durch eine Delfintherapie gelindert werden können, indem sie im Wasser mit den Tieren in Körperkontakt treten. Auch alten Menschen, die in Pflegeheimen unter Einsamkeit und Depressionen leiden, kann die Berührung mit einem Tier psychisch wie physisch guttun, sodass sie wieder kommunikationsfähig werden.

Viele Formen an Massagen wie etwa die Fußreflexsohlenmassage können entspannen und die Durchblutung fördern. In den Füßen »spiegeln« sich, so die Alternativmedizin, sämtliche Organe und Muskelgruppen, sodass Berührungen bestimmter Druckpunkte Heileffekte auf die entsprechenden Organe haben. Diese Reflexzonenmassage, die auf das tradierte Wissen der alten Ägypter, Chinesen und Indianer zurückgeht, hat der amerikanische Arzt William H. Fitzgerald (1872–1942) wieder neu belebt. Schulmediziner stehen ihrer Wirkung eher skeptisch gegenüber. Aber probieren Sie sie ruhig einmal aus.

Sie können Ihren Füßen – und damit Ihrem allgemeinen Wohlbefinden – aber schon allein dadurch etwas Gutes tun, wenn Sie
hin und wieder, wo es möglich ist, barfuß gehen.

SCHRITT FÜR SCHRITT

Gehen Sie mit nackten Füßen über Kieselsteine, durch
Schlamm, auf heißem Sand, über Rindenmulch oder durch
feuchtes Gras und nehmen Sie wahr, was Sie davon als
besonders wohltuend erleben. Das lässt sich wiederholen.

Dazu fällt mir folgende wahre Begebenheit ein:

Der Äthiopier Abebe Bikila wollte 1960 an den Olympi-
schen Spielen in Rom am Marathonlauf teilnehmen. Vor
dem Lauf stellte man fest, dass seine Schuhe dafür zu sehr
durchgelaufen waren. Da sich in der Ewigen Stadt nicht
ein einziges Paar entsprechender Schuhe auftreiben ließ,
entschloss sich Bikila, wie er es von Kindesbeinen an in
seiner Heimat gewohnt war, barfuß zu laufen. Kaum zu
fassen: Er lief Weltbestzeit und gewann damit zugleich
die erste olympische Goldmedaille für Schwarzafrika.

Noch schöner als seinem Körper selbst etwas Gutes zu tun, ist es natürlich, mit einem anderen Menschen auf ›Tuchfühlung‹ zu gehen. Es darf gern, muss sich dabei aber nicht um erotische und sexuelle Kontakte handeln, so aufregend und erfrischend sie hin und wieder sind. Eine zärtliche Geste oder eine liebevolle Umarmung sind auf andere Weise wohltuend. Die Haut ist schließlich unser größtes Organ und verfügt über Millionen von Sinneszellen. Schon allein bei liebevollen Berührungen wie einer zarten Liebkosung, einem freundlichen Händedruck oder behutsamem Streicheln wird das Hormon Oxytocin ausgeschüttet. In der Folge werden Ängste und Stress vermindert und für Leib und Seele stellt sich ein entspanntes Gefühl ein. Zugleich werden der Stoffwechsel angeregt und das Immunsystem gestärkt. Mit anderen Worten: Streicheln und Kuscheln ist gesund, am besten mit jemandem, den Sie »gut riechen« können. Also, worauf warten Sie noch?

Als Nächstes stellt sich die Frage, wie stark Ihr Geruchssinn ausgeprägt ist. Manche Düfte und Gerüche mögen Sie weniger, andere umso mehr; sie sind Ihnen angenehm und tun Ihnen gut. Ist das der Duft von Kaffee, von frisch gemähtem Gras oder Ihrem Lieblingsparfum, von Weihrauch oder Veilchen? Und bestimmt gibt es eine Reihe an Düften, die Sie an Ihre Kindheit erinnern.

DEN BRATEN RIECHEN

Zu meiner Schulzeit hatten wir am Samstag noch vier Stunden Unterricht. Wenn ich um halb zwölf Uhr mittags auf dem Heimweg war, duftete es aus den Häusern nach gebratenen Zwiebeln und Fleisch. Dieser Geruch hat sich mir als Sinnbild für Freiheit eingeprägt: Nun stand der schulfreie Sonntag bevor. Die Erinnerung daran durchdringt mich bis heute, wenn ich in der Nachbarschaft oder am heimischen Herd solche Wohlgerüche einatme.

Gern denke ich auch daran zurück, wenn ich als Kind meine Mutter gelegentlich zum Arzt begleiten durfte, denn unterwegs kamen wir an einer Bäckerei vorbei, aus der heraus es verführerisch nach frischem Brot und Kuchen duftete. Jedes Mal kaufte meine Mutter dort eine große Tüte mit Franzbroten, einem knusprigen Gebäck mit Zimt. Meistens waren diese Kuchenstücke noch warm und die Tüte nahm rasch an Umfang ab. Noch heute bleibe ich bisweilen vor einem Bäckerladen stehen und atme den köstlichen Duft dort ein.

An welche Düfte aus Ihrer Kindheit erinnern Sie sich gern? An den salzigen Geruch des Meeres in den Ferien? An den Geruch von Harz bei Spaziergängen im Wald? Oder an den Duft, den die erloschenen Kerzen am Heiligen Abend im Raum hinterlassen haben? Aber sagen Sie jetzt nicht, Sie hätten kein besonderes Näschen.

Das lässt sich üben. Und zwar wieder in fröhlicher Geselligkeit. Hierzu noch ein kleiner Tipp: Lassen Sie zur Einstimmung alle Gäste an einer Vanillestange schnüffeln. Der Duft von Vanille setzt Endorphine im Gehirn frei, sodass alle schon gut gelaunt sind, bevor der gemeinsame Spaß beginnt.

SCHNÜFFELPARTY

Laden Sie Gäste ein und bereiten Sie ein kleines Riechspiel vor. Sie suchen in Küche und Garten oder auf dem Markt Lebensmittel, die einen intensiven Duft verströmen, wie zum Beispiel Pfefferminze, Knoblauch, Zwiebeln, Schokolade, Zimt, Vanille, Rosmarin, Basilikum, Thymian, Salbei, Orangenschale oder Kaffee. Die einzelnen Proben verteilen Sie auf kleine Teller.

Mit verbundenen Augen darf nun der erste Gast daran riechen und bestimmen, was er vor der Nase hat. Die Anzahl der richtigen Antworten wird natürlich notiert.

Beim nächsten Gast werden die Teller in eine andere Reihenfolge gebracht; einige Geruchsproben werden ausgetauscht, sodass letztlich jeder die gleiche Anzahl an Tellern vor sich hatte.

Ich versichere Ihnen: Das wird ein vergnügter und vor allem ein aromatischer Abend!

Wenn Sie dabei Ihren Lieblingsduft entdeckt haben, können Sie ihn sich sogar für eine Weile konservieren. Aus dem dünnen Stoff alter Hemden oder Blusen lassen sich kleine Säckchen nähen, die Sie, noch mit Bordüren hübsch verziert, mit stark duftenden Blättern oder Blüten füllen können. Dafür eignen sich getrocknete

Blätter wie zum Beispiel von Pfefferminze, Rosmarin, Lavendel oder getrockneten Rosenblüten. Solche Duftsäckchen sind übrigens auch ein hübsches Geschenk.

WAS ICH MIR AUF DER ZUNGE ZERGEHEN LASSE

Sind Sie einmal hungrig an einem Wirtshaus vorbeigegangen? Allein schon der Duft von gebratenem Fisch oder Fleisch, von Knoblauch oder Pommes frittes, der einem dabei in die Nase steigt, lockt verführerisch zur Einkehr. Unser Geruchsinn ist erheblich stärker ausgeprägt als unser Geschmackssinn. Daher isst die Nase eigentlich immer mit, wenn wir es uns schmecken lassen. Und was für Herrlichkeiten gibt es in den Restaurants und Cafés, in den Lebensmittel- und Schokoladengeschäften zu riechen und zu schmecken. Ich muss zugeben, dass ich mich bei der folgenden Geschichte ertappt gefühlt habe.

WER NASCHT, BEKOMMT EINS AUF DIE FINGER

Naschen Sie eigentlich gern? Mir fällt dazu eine typisch weibliche Antwort ein: »Naschen macht dick!« Naschen ist also verboten. Denn Naschen bezieht sich auf die süßen Dinge des Lebens. Schon das Wort. Es wird kaum noch gebraucht – obwohl es doch lautmalerisch die heimlich-schnellen, all die wunderbar intensiven Labsale be-

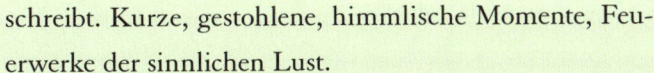

schreibt. Kurze, gestohlene, himmlische Momente, Feuerwerke der sinnlichen Lust.

Wir sind doch eine prüde Gesellschaft! Kalorien zählen, Gewicht kontrollieren, sparen für die wichtigen, großen Genüsse (welche?), wenn es einem dann mal gut geht.

Ich sage: Naschen ist schön. Deshalb wird es uns verboten. Es könnte uns auf den Geschmack bringen, anstiften, Lust machen. Oh ja, Lust auf alles Mögliche. Wie ist das mit dem Männervernaschen? Auch eher eine abschätzige Bewertung einer durchaus lustvollen Angelegenheit.

Wer nascht, bekommt eins auf die Finger – Essen und Erotik haben etwas miteinander zu tun. Natürlich steigert die Heimlichkeit, die Gefahr, ertappt zu werden, die Lust des Naschens noch. Deshalb haftet dem Vernaschtsein fast etwas Unseriöses an, ein bisschen was Verruchtes. Von Diäten darf man hingegen immer erzählen, tugendhaft wie das gesunde Leben ist.

Erinnern Sie sich noch an die süßen Freuden der Kindheit? Den Karamellbonbon im Zahn? Sahnebraun. Klebrig-zäh und etwas widerborstig, bis er sich ergab? Die rosafarbene Zuckerwatte auf dem Rummelplatz? Die haarfeinen Fäden waberten und flatterten in dem Kessel, in dem sie gerührt wurden, und die Portion war so groß, dass einem fast schlecht wurde …

Und dann die Mohrenköpfe, ein Lusterlebnis der besonderen Art, wenn man zuerst den Deckel köpfte, ohne die Grundform zu beschädigen, und dann das weiße, etwas glitschige Innere mit der Zunge aushöhlte, langsam kreisend, bis man an den Waffelrand stieß und ihn glatt leckte, um dann das Töpfchen endlich zerbeißen und hinunterschlingen zu können.

Noch erregender war das Brausepulver (Waldmeister!), das man in den Handteller schüttete. Mit etwas Spucke fing es an zu kribbeln und erzeugte ungeahnte Sensationen ...

Da waren die Lakritzrollen mit ihrem bitteren Geschmack, die eine schwarze Zunge zurückließen, die schwarzen Briketts, die en miniature, wirklich aussahen wie die Kohlebriketts, die im Winter in den Ofen geschoben wurden, die Himbeerbonbons, auch sehr lecker, und all das andere zuckersüße Zeug, das wir uns am Kiosk kauften [...]

Es muss nicht immer etwas Süßes sein, wenn wir ans Naschen denken [...] Greifen Sie also ruhig zu, einmal ist keinmal, in Salz eingelegte Sardellen, ein Rollmops, die kleinen, in Öl marinierten Ziegenkäse mit Pfeffer können auch glücklich machen. Wenn die Lust riesig wird: Nachgeben! Nutzen Sie die kleinen Gelegenheiten!

Dazu fällt mir spontan der himmlische Gedanke von Oscar Wilde ein: »Versuchungen sollte man nachgeben. Wer weiß, ob sie wiederkommen.«

Wie wahr! Schwelgen wir doch dann und wann in all den Köstlichkeiten, die uns verlocken. Wenn wir uns ein paar Stückchen dunkler Schokolade auf der Zunge zergehen lassen, werden, zu allem sonstigen Lustgenuss, noch weitere Endorphine freigesetzt. Sofern wir darüber vor Vergnügen lächeln oder gar lachen, spielen die Glückshormone in uns total verrückt. Und das kann ja manchmal ganz schön sein.

Wussten Sie übrigens, dass derzeitigen Umfragen zufolge die Finnen am glücklichsten sind? Ihnen folgen Norweger, Dänen und Isländer, während wir Deutschen nur auf Platz 15 rangieren. Das sollten wir schleunigst ändern. Sie wissen ja jetzt, wie's geht.

Ganz sicher gibt es Geschmackserlebnisse, die Sie an Ihre Kindheit erinnern und die einst Ihren Gaumen gekitzelt haben.

KINDHEITSERINNERUNGEN

Ich wünsche dir,
dass du dich dann und wann
daran erinnerst, welche Düfte
und welcher Geschmack dich
in deiner Kindheit verzaubert haben.
Hole dir auch heute diese Sinnenfreude
bisweilen ins Haus,
koste sie wieder neu aus –

und du fühlst dich in den Garten
deiner Jugend versetzt.

In meiner Kindheit gab es jede Woche einmal Hamburger Grütz-wurst mit Kartoffeln und Apfelmus. Vor zwei Jahren entdeckte ich diese Hamburger Blutwurstspezialität in einem Feinkostgeschäft, habe sie mir sofort gekauft und das Essen genauso zubereitet, wie ich es von der Kindheit her gewohnt war. Ob Sie es glauben oder nicht: Ich hatte tatsächlich einen Augenblick lang das Gefühl, als sei ich gerade aus der Schule gekommen.

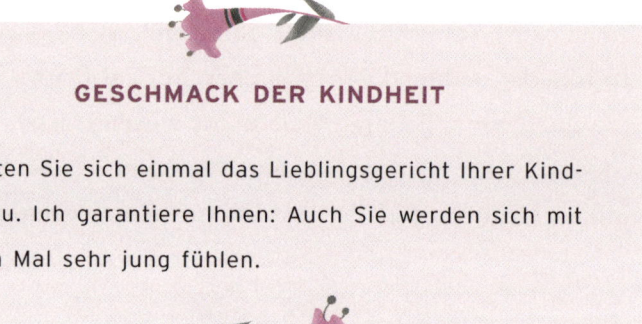

GESCHMACK DER KINDHEIT

Bereiten Sie sich einmal das Lieblingsgericht Ihrer Kind-heit zu. Ich garantiere Ihnen: Auch Sie werden sich mit einem Mal sehr jung fühlen.

Denken Sie immer wieder an all solche wohltuenden Erfahrungen. Werden Sie beschaulich, indem Sie auf das achten, was Ihre Au-gen erfreut. Hören Sie die angenehmen Töne und Worte aus dem Lärm und Stimmengewirr heraus, die Ihnen guttun. Genießen Sie eine herzliche Umarmung und geben Sie diese mit zärtlicher Geste zurück. Saugen Sie den Duft von frischem Brot, Obst oder besonderen Leckereien bewusst ein und essen Sie nicht unbedacht, sondern kosten Sie jeden Bissen genussvoll. Bereiten Sie sich also Speisen zu, die Sie nicht nur schnell satt machen, sondern die Sie gerne schmecken, bei denen Ihnen, wieder eine Redewendung, das Wasser im Munde zusammenläuft.

Wenn wir unser Leben so bewusst mit all unseren Sinnen leben, erfahren wir es als sinn-voll. Die Erfahrung von der Bedeutsamkeit des eigenen Lebens befreit uns von unseren Ängsten und Unsicherheiten. Leichten Herzens bekommen wir Lust, Zukunft zu denken und zu planen. Träume steigen zum hellen Himmel auf und kreative Einfälle beleben uns dazu, uns in Gedanken allerlei Schönes und Beglückendes auszumalen. Wir überlegen, welche unserer Wünsche wir als nächste verwirklichen, welche Verrücktheiten wir uns leisten, welche Vergnügungen wir uns erlauben, welchen Spaß wir uns gönnen wollen.

Wenn du das Leben
mit wachsamen Sinnen erfasst
und dich deiner Sinnlichkeit
mit Freude und Lust
hingeben kannst,
dann stillt sich im Stillen
dein Verlangen nach Sinn.

Gelegentlich macht es auch Freude, unseren Sinnengenuss auf die ein oder andere Art und Weise mit anderen zu teilen.

HERZLICH WILLKOMMEN

VOM GLÜCK DER GASTFREUNDSCHAFT

Ich lade gern mir Gäste ein,
man lebt bei mir recht fein.
Man unterhält sich, wie man mag,
oft bis zum nächsten Tag.

JOHANN STRAUSS, *DIE FLEDERMAUS*

Es ist schön, wenn man es sich daheim allein oder mit seinem Partner bzw. seiner Partnerin gemütlich macht. Ein gutes Essen, ein Gläschen Wein, ein angenehmes Gespräch oder ein unterhaltsamer Film im Fernsehen können den Tag abrunden.

Aber manchmal macht es auch Freude, Gäste einzuladen. Dazu ist ja keineswegs ein besonderer Anlass nötig, etwa ein Geburtstag oder Hochzeitstag. Es tut gut, dann und wann die Routine des Alltäglichen zu verlassen und etwas Besonderes zu planen und vorzubereiten.

Wen würden Sie gern einmal wieder einladen und womit möchten Sie Ihre Gäste verwöhnen? Gemeinsames Essen verbindet und sollte deshalb gründlich geplant werden. Was möchte ich kochen, welche Weine passen zu dem vorgesehenen Essen? Wenn Sie sich nicht so viel Arbeit machen wollen, um sich mehr den Gästen widmen zu können als in der Küche zu stehen, tun es ja auch eine köstliche Suppe und ein großer Teller mit leckeren Häppchen, die sich gut vorbereiten lassen, oder einfach eine delikate, je nach Jahreszeit mit Weintrauben, Kirschtomaten und Oliven dekorierte Käseplatte. Dazu möge Sie folgende Geschichte erheitern:

Eine Frau hatte einige liebe Freundinnen und Freunde zum Essen eingeladen. Auf dem Tisch standen Schüsseln, Schalen und Teller mit den köstlichsten Gerichten. Da fragte einer der Gäste, ob sie auch Käse habe.

»Warum verlangst du nach Käse, wo hier die feinsten Speisen kredenzt werden?«, so die Gastgeberin.

Darauf der Gast: »Käse vor dem Essen dient dem Appetit und nach dem Essen wirkt er wie Medizin.«

Dem entgegnet ein anderer Gast: »Käse verdirbt doch nur die Zähne und zudem zerstört er auch noch das Gedächtnis.«

> »Nun haben wir Lob und Tadel auf den Käse ge-
> hört«, meinte die Gastgeberin. »An welche Regel sollen
> wir uns denn nun halten?«
>
> »Am besten an die erste, wenn Käse da ist«, mischte
> sich ein Gast aus dem Hintergrund ein, »und an die zwei-
> te, wenn keiner auf dem Tisch steht.«

Passend zum Essen, mit oder ohne Käse, werden Servietten ausge-
sucht. Darüber hinaus kann man einen besonderen Tischschmuck
gestalten, bei dem Kerzen auf keinen Fall fehlen dürfen.

Sofern es ein der Jahreszeit entsprechender Themenabend
werden soll, kann man mit entsprechenden Blumen und Früchten
schmücken. Besonders schön wäre es, wenn die Gäste ein zur Einladung passendes Gedicht mitbringen, das zwischen den einzelnen
Gängen oder nach dem Essen vorgelesen wird. Darüber wird man
sicher schnell ins Gespräch kommen. Denken wir dabei an Goe-
thes Worte: »Was ist herrlicher als Gold?«, fragte der König. »Das
Licht!«, antwortete die Schlange. »Was ist erquicklicher als Licht?«,
fragte jener. »Das Gespräch«, antwortete diese.

Soll das Fest an ein gemeinsames Erlebnis, zum Beispiel an
eine Reise oder an einen besonderen Ausflug erinnern, ist es eine
hübsche Überraschung, wenn jeder Gast auf seiner Tischkarte ein
Foto davon vorfindet. Da gibt es dann bestimmt viel zu erzählen:
»Weißt du noch ...?«

Zu einem Klassentreffen könnten die früheren Mitschülerinnen und Mitschüler Hefte und Fotoalben aus der Kindheit und Jugendzeit mitbringen. Was wird das für ein Spaß, wenn man miteinander die Aufsätze aus dem dritten Schuljahr durchgeht.

Hoffentlich kommen dann nicht allzu viele auf die Idee, angesichts der schönen Erinnerungen eine Tischrede zu halten, wie es dem Dirigenten Hans von Bülow bei einer Einladung ergangen ist:

> Der berühmte Dirigent Baron Hans von Bülow wird zu einem Galadiner eingeladen. Viele der hohen Herren fühlen sich bemüßigt, eine Tischrede zu halten. Die Vorspeise wird serviert: Einer redet. Die Vorspeistenteller sind abgeräumt. Einer redet. Das Hauptgericht wird kredenzt. Einer redet. Und noch einer. Als endlich Ruhe einkehrt, klopft Hans von Bülow an sein Glas. Die hungrigen Gäste legen ihr Besteck missmutig wieder auf den Tisch. »Meine Damen und Herren«, hebt der Dirigent an, »hier fehlen noch Kartoffeln.«

Wenn Ihnen beim Lesen nun noch weitere, hoffentlich auch lustige Einfälle für Ihr gemütliches Zusammensein gekommen sind, notieren Sie diese und dann schreiten Sie zur Tat.

NICHTS ANBRENNEN LASSEN

Kreieren Sie einmal eigene Rezepte und probieren Sie sie aus, bis sie gut gelungen und »vorführungsreif« sind! Die Anerkennung Ihrer Gäste wird Ihnen sicher sein.

Glauben Sie mir: Sie werden ein wunderschönes kleines Fest erleben, sich über Ihre Bemühungen freuen und noch lange daran zurückdenken. Vielleicht machen Sie ja auch ein paar nette Fotos zur Erinnerung.

Ich selbst rufe mir solche Feiern gern ins Gedächtnis zurück. Wenn ich mir hin und wieder in Ruhe meine Fotoalben ansehe, mischt sich in die Freude gelegentlich aber auch ein Schatten von Traurigkeit. Einige meiner Freundinnen und Freunde haben mir die Freundschaft gekündigt, andere sind schon sehr früh verstorben. Ich muss zugeben, dass es mir dann sehr wehmütig ums Herz wird.

TRAUER ZULASSEN

VOM GLÜCK,
LEID ZU ÜBERWINDEN

Vielleicht fragen Sie sich, was das Thema Trauer in einem Buch zu suchen hat, in dem es um das Glück geht. Aber es gibt eben Zeiten in unserem Leben, in denen wir schmerzhafte Erfahrungen machen, weil wir liebe Menschen an das Leben oder den Tod verlieren. Ich erinnere mich an einen jungen Mann, dessen Freundin sich von ihm getrennt hatte. Sie war seine erste große Liebe gewesen. Seine Eltern versuchten, ihn mit allerhand familiären Aktivitäten auf andere Gedanken zu bringen. Das war lieb gemeint, aber es half natürlich nicht. Besser wäre es sicher gewesen, sie hätten ihm einfach nur zugehört, immer wieder.

Trauer braucht ihre Zeit. Was man zunächst nicht wahrhaben will, macht eines Tages wütend; man hadert mit Gott und der Welt und es ist gut, auch diesen Gefühlen Zeit zu lassen. Und wenn die Tränen kommen, darf man sie fließen lassen. Vielleicht lässt sich manch aggressives Verhalten in der Gesellschaft auf individuelle, sicher aber zugleich auch auf kollektiv verdrängte Trauer zurückführen. Wie vielfältig sind die Möglichkeiten, seine Gefühle zu unterdrücken oder zu betäuben: durch Fernsehen, Alkohol, Arbeit oder sinnlosen Aktionismus. Von einer Frau, die in einer jahrelangen Beziehung gelebt hatte, weiß ich, dass sie sich eine Woche nach der Trennung überlegt hatte, über eine Kontaktanzeige einen neuen Partner zu suchen. Sie wollte die Zeit der Trauer nicht aushalten.

Anders schmerzhaft ist der Abschied von einem lieben Menschen, der uns durch den Tod genommen worden ist. Wie gut tut es, wenn uns auch dann verständnisvolle Menschen einfühlsam und teilnahmsvoll zur Seite stehen, wie es in folgendem Brief an eine Freundin anlässlich des Todes ihrer Mutter zum Ausdruck kommt.

Liebe G.,

tief betroffen habe ich die Nachricht vom Tod deiner Mutter vorgefunden. Ich möchte dir hiermit sagen, dass es mir leidtut, dass du jetzt von Tod und Trauer, von Schmerz und Abschied umfangen und durchdrungen bist.

Du hattest ja in den letzten Wochen schon damit gerechnet, dass die letzte Stunde deiner Mutter naht, und durch die gemeinsamen Spaziergänge mit ihr, als diese noch möglich waren, zum Schluss auch durch deine Be-

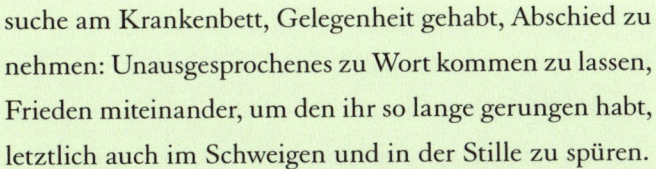

suche am Krankenbett, Gelegenheit gehabt, Abschied zu nehmen: Unausgesprochenes zu Wort kommen zu lassen, Frieden miteinander, um den ihr so lange gerungen habt, letztlich auch im Schweigen und in der Stille zu spüren.

Trotzdem tut der letzte Abschied weh. Lange noch. Du wirst in den nächsten Wochen und Monaten noch häufig damit befasst sein. Erinnerungen an gemeinsam Erlebtes werden aufsteigen, Bilder aus der Kindheit werden wieder lebendig. So mancher Gegenstand, den du schon lange nicht mehr beachtet hast, wird plötzlich zum Träger wehmütiger Erinnerung und gewinnt dadurch eine ganz neue Bedeutung. Er wird wesentlich. Du wirst solche Erinnerungsstücke brauchen, auf deinem Schreibtisch, in deiner Handtasche, als Kettchen an deinem Hals mit dem Anhänger, den dir deine Mutter einmal geschenkt hat. Dadurch vermittelt sich dir das Gefühl, dass doch etwas von ihr geblieben ist, was fassbar und begreifbar ist.

Ich wünsche dir, dass du in den kommenden Wochen behutsam mit dir selbst umgehen kannst und dass andere Menschen dich in deiner Trauer respektieren und die Grenzen der Begegnung, die jetzt für dich notwendig sind, achten können. Mögen dir von außen immer wieder tröstliche Zeichen entgegenkommen, die dir helfen, die schmerzvollen Erinnerungen zu ertragen und durchzustehen. Ich wünsche dir, dass dir der lange Weg des

Abschiednehmens gelingt und dass sich das in deinem Herzen sammelt, auf das du mit Liebe und Dankbarkeit zurückblicken kannst.

In Gedanken begleite ich dich.

Deine Freundin C.

Die Zeit der Trauer ist alles andere als eine glückliche Zeit. Aber wenn man sie bis zum Ende durchsteht, kann man den tiefen Schmerz, den sie ausgelöst hat, eines Tages überwinden, ihn loslassen, sich allmählich wieder auf das Leben einlassen und der Zukunft neu öffnen. »Denn jede dunkle Nacht«, so ein persisches Sprichwort, »hat ein helles Ende.«

TRAUERTAGEBUCH

Vielleicht hilft ein Trauertagebuch, in dem Sie aufschreiben können, was in Ihnen vor sich geht, an welche Begebenheiten mit dem verlorenen Freund oder der Verstorbenen Sie sich gern erinnern, aber auch das, was Ihnen ihm oder ihr gegenüber noch »auf der Seele liegt«. Auch die Wut auf schlimme Erinnerungen und Schuldgefühle, die Sie vielleicht verspüren, und die eigenen Vorwürfe, nicht genug gegeben und geliebt zu haben, gehören dazu. Wenn Sie davor nicht fortlaufen, sondern sich der Trauer stellen, können Sie eines Tages in innerem Frieden wirklich Abschied nehmen.

ES KOMMT DER TAG

Es kommt der Tag,
an dem du wieder Ja sagen kannst
zu deinem Leben,
an dem du eine Rose wahrnimmst
und ihren Duft einatmen magst.

Es kommt der Tag,
an dem du wieder zulassen kannst,
dass die Sonne scheint,
dass sie deine Haut wärmt
und der Himmel hell über dir ist.

Es kommt der Tag,
an dem du wieder lächeln kannst,
weil dir Hoffnung grünt
und die Zukunft dir
verheißungsvolle Wege bahnt.

NOCH IST NICHT ALLER TAGE ABEND

VOM GLÜCK DER HOFFNUNG

Manchmal sieht es trübe in uns aus – und das nicht nur in Zeiten tiefer Trauer um den Verlust eines geliebten Menschen. Wir sind traurig, bedrückt, vielleicht auch in unseren Erwartungen enttäuscht. Der Himmel scheint verfinstert, die gegenwärtige Situation mutet uns ausweglos an. Meine Mutter pflegte dann immer den bekannten Spruch zu zitieren: »Wenn du glaubst, es geht nicht mehr, dann kommt von irgendwo ein Lichtlein her.« In meiner Jugend konnte ich mit dieser Redensart nicht viel anfangen. Mit zunehmendem Alter muss ich allerdings eingestehen, dass sie sich in meinem Leben immer wieder bewahrheitet hat. Vielleicht ist es ein freundlicher Brief, ein netter Anruf, eine herzliche Geste, die in der Traurigkeit zunächst einmal »über Wasser hält«.

Aber – die Frage sei erlaubt – nehmen wir solche kleinen Zeichen der Zuwendung überhaupt wahr? Sind wir achtsam genug, uns von ihnen berühren zu lassen, damit unsere Hoffnung wieder neuen Nährboden findet? Oder richten wir uns in unserer inneren Höhle häuslich ein und pflegen unser Selbstmitleid?

IN ALTEN KINDERGESCHICHTEN VERSINKEN

Vielleicht tut es in solchen Augenblicken gut, ein altes Kinderbuch zur Hand zu nehmen, aus dem Ihnen die Eltern früher vor dem Schlafengehen vorgelesen haben. Die Erinnerungen an Zeiten tiefer Geborgenheit wärmen das Herz auch heute wieder.

Mir fallen dabei die Geschichten aus einem Buch mit dem schönen Titel »Alles wird wieder gut« ein. Eine davon will ich hier erzählen.

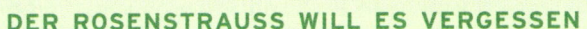

DER ROSENSTRAUSS WILL ES VERGESSEN

In der Binderstraße stand eine Schule. Hunderte von kleinen und großen Jungen strömten täglich hinein und sprangen mittags fröhlich die Treppen hinunter.

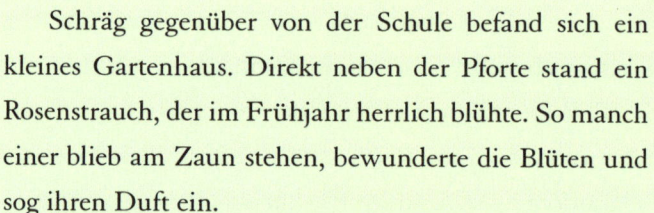

Schräg gegenüber von der Schule befand sich ein kleines Gartenhaus. Direkt neben der Pforte stand ein Rosenstrauch, der im Frühjahr herrlich blühte. So manch einer blieb am Zaun stehen, bewunderte die Blüten und sog ihren Duft ein.

Das Ehepaar, das in dem Häuschen wohnte, freute sich darüber, dass ihr Rosenstrauch bei vielen Menschen so beliebt war.

Doch als die Frau eines Tages aus dem Fenster blickte, sah sie, dass viele Zweige und Blüten abgerissen waren. Am kommenden Tag beobachtete sie zwei Schuljungen, die den Rosenstrauch zerzausten. Sie rief aus dem Fenster: »Hallo«, aber schon waren die Jungen verschwunden. So ging es auch am nächsten Tag fort, bis nahezu alle Blüten und jungen Triebe am Boden lagen. »Ich werde morgen früh zur Schule gehen«, sagte sie zu ihrem Mann.

Am kommenden Tag stand sie vor einer Klasse mit zehnjährigen Jungen. Sie erzählte davon, wie ihr Mann und sie den Rosenstrauch gepflanzt und sich Jahr für Jahr daran gefreut hatten. Mit einem Mal war die Klasse ganz still. Gerade wollte ein Junge aufspringen und die Übeltäter beim Namen nennen, als die Frau sagte. »Ich will gar keine Namen wissen. Niemand soll bestraft werden. Ihr sollt mir nur versprechen, dass das nicht wieder vorkommt.« Die Jungen versprachen das und sagten, dass sie auch auf die anderen aufpassen würden, damit die ihm nichts täten.

»Dann will ich es vergessen. Und der Rosenstrauch wird es auch vergessen«, sagte die Frau. »Er wird wieder neu ausschlagen. Und im kommenden Sommer wird er ebenso schön blühen wie in diesem Jahr.«

TRÄUMEN DÜRFEN

VOM GLÜCK UNSERER SEHNSUCHT

Das größte Gut, das uns geschenkt ist,
ist die Sehnsucht unserer Seele.

NOVALIS

Hin und wieder versinken wir mitten am Tag ins Träumen, während der Arbeit, im Zug, daheim auf dem Sofa oder wo auch immer. Träume lassen sich nicht fest verorten und kontrollieren. Das ist ja das besonders Schöne an ihnen. Vielleicht lassen wir die Bilder unfassbar schöner Erlebnisse und Begegnungen aus der Vergangenheit noch einmal in uns aufsteigen, um sie wenigstens in der Fantasie nachzuerleben, oder wir malen uns eine farbige, wundervolle Zukunft aus, die uns aus dem tristen Alltag führt.

Träume erhalten uns unsere Lebendigkeit, sie schenken uns die Hoffnung, dass es noch etwas geben wird, das uns mit neuem Schwung, froher Frische und Freude erfüllt.

Aber vielleicht gibt es darüber hinaus noch einen weiterführenden Aspekt, von dem der folgende Traum erzählt:

Heute Nacht hatte ich einen merkwürdigen Traum. Ich hatte meine Wohnung leergeräumt; nur mein Bett stand noch mitten im Wohnzimmer. Da vernahm ich ein dumpfes Pochen. Ich zog mich schnell an, dann öffnete ich.

Der neue Besitzer stand vor der Tür und bat um den Schlüssel. »Ich verstehe ja nicht, wie Sie diese schöne Penthousewohnung aufgeben können, auf die Sie so lange gespart haben.« Bei diesen Worten sah er sich in den leergeräumten Zimmern um. »Sie leben in der Stadt Ihrer Träume. Sie haben nette Freunde, die Sie gernhaben und die für Sie da sind, wenn Sie sie brauchen.« Ich nickte nur. »Sie haben eine Krankenversicherung, eine Hausratsversicherung, eine Reiseversicherung und eine Alters- und Pflegeversicherung. Und Ihren Job haben Sie auch gekündigt. Um den haben Sie viele beneidet. Was Sie da verdient haben.« Ich nickte erneut. »Im Grunde genommen hatten Sie doch alles, was sich ein Mensch nur wünschen kann.«

Wieder nickte ich. »Aber es muss doch im Leben mehr als alles geben«, sagte ich, überreichte ihm die Schlüssel und zog die Tür von außen zu.

Plötzlich klingelte mein Wecker. Ich fuhr hoch und war erstaunt, dass ich im Schlafzimmer unter meiner gemütlichen Decke lag. Nach und nach kam ich zu mir. In meiner schicken Küche schaltete ich die Kaffeemaschine an, zu meinem Cappuccino buk mir zwei Croissants auf. Nach dem Frühstück stieg ich in meinen Sportwagen und fuhr zur Arbeit.

Doch der Traum ging mir den ganzen Tag nicht mehr aus dem Sinn. Es muss doch mehr als alles geben, dachte ich immer wieder – und meine sehnsüchtigen Blicke verloren sich im Himmel.

Haben Sie solche Gedanken auch schon einmal umgetrieben? In unserer bürgerlichen Existenz mangelt es uns an nichts und dennoch gibt es ein Verlangen in uns, das über Besitz, Beruf und Bilanzen hinausgeht; eine Unruhe des Herzens, die nach Lebensintensität, nach Sinnerfahrung ruft, nach Antworten auf Fragen wie: »Wer bin ich und wozu bin ich überhaupt auf der Welt?«

Da ist zum einen die schmerzwehe Sehnsucht nach vollkommenem Glück, nach einer Liebe, in der wir uns dauerhaft wie im

»siebten Himmel« fühlen, nach tiefer Geborgenheit, in der wir uns angenommen und geliebt wissen, so wie wir sind.

Vielleicht strebt unsere Sehnsucht aber darüber hinaus nach der Annäherung an ein göttliches Mysterium, das uns – manchmal nur für einen flüchtigen Augenblick lang – in seligem Erschaudern im Innersten berührt und uns etwas von der Ganzheit, Tiefe und vollkommenen himmlischen Fülle aufleuchten lässt. So jedenfalls verstehe ich den Gedanken von Augustinus: »Das unruhige Herz«, so schreibt er, »ist die Wurzel der Pilgerschaft. Im Menschen lebt eine Sehnsucht, die ihn hinaustreibt aus dem Einerlei des Alltags und aus der Enge seiner gewohnten Umgebung. Immer lockt ihn das andere, das Fremde. Doch alles Neue, das er unterwegs sieht und erlebt, kann ihn niemals ganz erfüllen. Seine Sehnsucht ist größer. Im Grunde seines Herzens sucht er ruhelos den ganz Anderen und alle Wege, zu denen der Mensch aufbricht, zeigen ihm an, dass sein ganzes Leben ein Weg ist, ein Pilgerweg zu Gott.«

Sehnsucht kann aber auch, wie es Phil Bosmans formuliert hat, eine »geheimnisvolle Quelle der Kraft« sein, eine Energie, die uns, gerade in dunklen Zeiten, dazu beflügelt, uns wieder neu zu erheben und unsere Träume und Wünsche in die Tat umzusetzen.

Welche Sehnsucht verbirgt sich gegenwärtig in Ihren ganz, ganz tiefen Träumen? Ob Sie sich ihnen in einer Fantasiereise annähern mögen?

SICH DEN TRÄUMEN HINGEBEN

Du liegst auf einer warmen Sommerwiese,
du spürst das Gras unter dir
wie eine weiche Decke,
du fühlst dich wohl,
die Mittagssonne lacht vom Himmel,
sanfter Wind streichelt
deine Haut,
er wärmt dich,

du bist ganz entspannt
und fühlst dich wohl.
Du siehst die Wolken,
wie sie über den Himmel ziehen,
du träumst ihnen nach,
du fühlst dich wohl,
die Ruhe und die Wärme
tun dir gut,
du liegst nur da
und träumst,
du bist gelöst und entspannt
und du träumst …

HERAUSFORDERUNGEN ENTDECKEN

VOM GLÜCK, NEUE ZIELE ZU FINDEN

Vielleicht spüren wir in unseren Träumen und Sehnsüchten auch neue Ziele auf, die wir ganz realistisch in unserem Leben erreichen möchten. Warum noch zögern? »Ein Mensch, der sich ernsthaft ein Ziel gesetzt hat, wird es auch erreichen«, hat Benjamin Disraeli (1804–1881), britischer Staatsmann und Romanschriftsteller, formuliert. Wie wahr! Denken Sie an Altkanzler Gerhard Schröder zurück, der einmal des Nachts an den Gitterstäben des Kanzleramts gerüttelt und dabei gerufen haben soll: »Ich will hier rein!« Er hat es geschafft.

Aber wie? Folgende kleine Geschichte mag zum Nachdenken anregen:

In einer verschneiten Landschaft trafen sich zwei Jungen und wetteiferten miteinander, wer von ihnen in geradester Linie bis zum Kirchturm gehen könnte. »Kein Problem«, meinte der eine Junge, sah konzentriert auf den Boden und setzte behutsam einen Schritt vor den anderen. Als er jedoch auf halber Strecke zurückblickte, musste er feststellen, dass seine Fußstapfen im Schnee eine große Zickzacklinie abgaben. »Ich glaube nicht, dass du das besser kannst«, rief er seinem Freund zu.

»Das wollen wir doch erst einmal sehen«, lachte der zurück. Mit erhobenem Kopf, den Kirchturm stets vor Augen, stapfte er los, bis er sein Ziel erreicht hatte. Die Spur im Schnee zeigte eine ganz gerade Linie.

Wenn man ein Ziel wirklich erreichen will, muss man direkt darauf zugehen, ohne es aus den Augen zu verlieren. Dann kann man auch ankommen.

Damit möchte ich Ihnen Mut machen. Setzen Sie sich einmal eine Weile still hin und überlegen Sie, was Sie in Ihrem bisherigen Leben versäumt haben, welches Ziel Sie im Grunde Ihres Herzens gern jetzt anstreben möchten: einen höheren Schulabschluss, eine neue Ausbildung oder Qualifizierung? Oder haben Sie Lust dazu, ein Instrument zu erlernen, eine Gesangsausbildung zu absolvieren oder sich in der Malerei zu üben? Tun Sie es doch einfach. Und fragen Sie nicht danach, ob jemand Ihre Stimme hören möchte oder sich je eins Ihrer Bilder verkaufen ließe.

Ich erinnere mich an eine Bekannte, der daheim stets gesagt worden war, dass sie völlig unmusikalisch sei. Das hat sie schließlich selbst geglaubt. Zu einem kleinen gemeinsamen Fest hatte ich meine Gitarre mitgenommen. Sie war von dem Spiel so fasziniert, dass sie sich daraufhin selbst eine Gitarre gekauft hat. Mithilfe eines Lernprogramms und einer Hörkassette brachte sie sich die Grundgriffe selbst bei. Und siehe da: Zwei Jahre später hat sie sich bei einer Veranstaltung des heimischen Schützenvereins sogar auf die Bühne getraut und gespielt, während ihr Mann dazu gesungen hat. Sie hatte ihr Ziel erreicht.

In dem Zusammenhang fällt mir die berührende Geschichte des berühmten polnischen Klaviervirtuosen Ignacy Jan Paderewski (1860–1941) ein.

Der kleine Ignacy war gerade einmal drei Jahre alt, als er damit begann, daheim auf dem Klavier herumzuklimpern. Ohne regelmäßige Unterweisung erfand er dabei kleine Melodien, die er mit schrägen Akkorden begleitete. Im Alter von sechs Jahren entwickelte er eine eigene Notenschrift, um seine kleinen Kompositionen (oder das, was er dafür hielt) niederzuschreiben. Mit zwölf Jahren hatte er die Gelegenheit, das erste Mal im Rahmen eines unbedeutenden Wohltätigkeitskonzerts aufzutreten. Als er als junger Erwachsene in Warschau das Konservatorium besuchte, rieten ihm seine Lehrer vom Musikstudium ab, weil ihm dafür jede Begabung fehle: Sein Klavierspiel sei erbärmlich und als Komponist sei er ebenfalls völlig untalentiert. Ähnliche Bemerkungen hatte er auch von anderer Seite immer wieder zu hören bekommen. Doch Paderewski ließ sich dadurch nicht beirren. Voller Leidenschaft übte er bis zu sechzehn Stunden täglich am Klavier. Letztendlich hat sich seine unbeugsame Hartnäckigkeit gelohnt. 1889 debütierte er in Paris; darauf folgte eine dreimonatige Konzerttournee durch Nordamerika mit 117 Auftritten, auf denen er gefeiert wurde. Es dauerte nun nicht mehr lange, bis er als musikalisches Genie weltweit Anerkennung fand. Innerhalb weniger Jahre eroberte Paderewski sowohl die internationalen Konzertpodien als auch die gesellschaftlichen Salons. Er hatte es geschafft.

Und was die Wertschätzung selbst gemalter Bilder angeht, mögen Sie Anekdoten über berühmte Maler ermutigen, deren Bilder zu ihrer Zeit keineswegs alle als hohe Kunst betrachtet wurden:

Der französische Maler Paul Cézanne, der heutzutage als Wegbereiter der Moderne gefeiert wird, trat am Todestag seines Vaters an das Bett des Verstorbenen und zückte seinen Zeichenblock. »Lass das bitte, Paul«, ermahnte ihn seine Schwester, »das ist jetzt nicht der richtige Augenblick zum Spaßen. Wenn wir das Antlitz unseres Vaters festhalten wollen, dann müssen wir schon einen richtigen Maler kommen lassen.«

Der Postbote, der Picasso über viele Jahre hinweg die Post gebracht hatte, war pensioniert worden. Als der neue Briefträger sich in den Räumen von Picasso umsah, meinte er erstaunt: »Mir war noch gar nicht zu Ohren gekommen, dass Ihr kleiner Sohn auch schon so schön malt.«

Eines Tages besuchte ein Fremder Pablo Picasso, von dessen großartiger Kunst er gehört hatte, und ließ sich dessen Gemälde zeigen. Picasso erklärte. »Dies ist eine Landschaft, wie ich sie sehe.« Der Fremde schwieg. »Hier erblicken Sie nun«, fuhr der Künstler fort, »eine Geburtstagsfeier, wie ich sie sehe.« Der Fremde schwieg weiter, während Picasso voller Begeisterung zum nächsten Gemälde schritt: »Und hier habe ich eine Frau gemalt, wie ich sie sehe.« Darauf der Fremde: »Aber warum sind Sie denn Maler geworden, wenn Sie so schlecht sehen können?«

Überdies sagt man, dass der berühmte Maler Vincent van Gogh, dessen Werke heutzutage bei Auktionen Millionen Dollar erzielen, zu seinen Lebzeiten nur ein einziges Werk verkaufen konnte – und dieses nur an eine Gönnerin, die ihm etwas Geld hatte zufließen lassen wollen.

Worauf warten Sie jetzt noch? Denken Sie an die Worte von Lucius Annaeus Seneca: »Nicht, weil es schwer ist, wagen wir es nicht, sondern weil wir es nicht wagen, ist es schwer.« Also, nur Mut!

MIT SICH SELBST VORANKOMMEN

Ich will nicht dauerhaft
so dahinleben,
von einem Tag zum anderen
und mich dann darüber beklagen,
dass mir das Dasein langweilig wird.
Ich werde mir heute
wieder ein Ziel setzen,
das ich mit all meiner Kraft
angehen und in die Tat
umsetzen will.
Dann beginnen meine Energien
neu zu fließen
und am Abend werde ich
stolz sein können auf den Schritt,
den ich vorangekommen bin.

NACH GANZ OBEN

Nehmen Sie sich heute einmal vor, einen Kirchturm zu besteigen. Wenn Sie oben ankommen, sind Sie vermutlich außer Atem, aber Sie haben Ihr erstes Ziel erreicht. Sofern Sie dann noch das Glück haben, von einer Aussichtsplattform herunterblicken zu können, eröffnen sich Ihnen zugleich ganz neue Horizonte. Also nichts wie los!

Wagen Sie also immer wieder etwas aufregend Neues und setzen Sie sich immer wieder ein reizvolles Ziel. Vielleicht entwickelt sich daraus ja ein interessantes Hobby.

EINER LIEBLINGS-BESCHÄFTIGUNG NACHGEHEN

VOM GLÜCK, EIN HOBBY ZU HABEN

»Das Steckenpferd ist das einzige Pferd, das über jeden Abgrund trägt«, hat Christian Friedrich Hebbel einmal gesagt. Da ist etwas dran. Ein Hobby macht so viel Freude, dass es von unangenehmen Erfahrungen ablenkt und uns wieder zu uns selbst finden lässt. Die Aussicht, irgendwann am Tag oder am Abend noch etwas Zeit dafür zu finden, motiviert außerdem dazu, die unerquicklichen Dinge, die getan werden müssen, möglichst schnell hinter sich zu bringen.

Ich selbst koche leidenschaftlich gern. Kochbücher sind für mich so spannend wie Krimis. Wenn ich dann das ein oder andere Rezept entdeckt habe, das ich nachkochen will, geht es daran, die Zutatenliste zu erstellen. Nachdem ich alles eingekauft habe, stehe ich mit Feuereifer in der Küche und bin überglücklich, wenn die Speisen köstlich duften und – hübsch angerichtet – auch schmecken. Zudem liegt mir die Gartenarbeit am Herzen. Wenn ich vielleicht nur kurz ein paar Pflegearbeiten verrichten will, finde ich immer noch etwas, das hier und da getan werden kann, damit mein kleines grünes Paradies noch schöner wird. Wenn ich irgendwann auf die Uhr sehe, stelle ich fest, dass ich zwei oder drei Stunden am Werk war. Habe ich anfangs noch über dies und jenes nachgegrübelt, so fühle ich mich nun völlig frei und eins mit mir selbst.

Sowohl beim Kartoffelschälen als auch beim Unkrautzupfen kommen mir oftmals die besten Ideen für neue Texte. So verbindet sich die »handwerkliche« Arbeit mit meinen poetischen Themen.

ZU SICH SELBST FINDEN

Sich manchmal
verlieren
in dem Vergnügen
und der Lust
am Augenblick –
und gerade darin
sich selbst
wieder neu
begegnen.

HOBBYS AUS KINDHEITSTAGEN NEU BELEBEN

Vielleicht ist ja gerade heute der Tag gekommen, an dem Sie Lust haben, ein Hobby aus vergangenen Zeiten wieder neu aufzunehmen. Überlegen Sie nicht lange, ob es Ihnen heute noch Freude bereitet, sondern probieren Sie es aus. Und kein Hobby ist »kindisch«. Warum sollten Sie nicht auch heute noch Freude daran haben, Drachen steigen zu lassen, zu zeichnen oder zu basteln?

Ein älterer Herr, seit einigen Jahren Witwer, erzählte unlängst mit strahlenden Augen, wie viel Freude er in seiner Kindheit an seiner Modelleisenbahn gehabt hatte. Ein ganzes Zimmer hatte er dafür nutzen können, Berge und Tunnel, ja, ganze Landschaften hatte er gestaltet. Zu jedem Geburtstag und zu den Weihnachtsfesten hatte er sich etwas für seine Anlage gewünscht. Da gab es Häuschen, eine kleine Kirche und schließlich ein ganzes Dorf, Menschen und Autos, Laubbäume und Tannen, aus denen nach und nach ein kleiner Wald entstand.

Schließlich hatte er so viele Gleise, dass er mehrere Züge auf unterschiedlichen Ebenen gleichzeitig fahren lassen konnte. Dann war die Familie in eine kleinere Wohnung gezogen – und die Modelleisenbahn war in Kisten und Kasten im Keller eingelagert. »Haben Sie sie denn noch?«, fragte ich. Er nickte versonnen. »Hätten Sie denn heute genug Platz, um sie aufzubauen?« Zunächst sah er mich erstaunt an, dann verabschiedete er sich mit einem seligen Blick in den Augen.

Durchstöbern Sie doch einmal wieder Ihren Keller oder Dachboden. Wer weiß, welche Erinnerungen an Ihre Kindheit Sie in dem ein oder anderen Pappkarton entdecken, die Ihnen gar nicht mehr im Bewusstsein waren. Vielleicht finden Sie noch alte Spiele wie »Halma«, »Fang den Hut« oder »Spitz, pass auf«, die, frisch abgestaubt, nach neuer Belebung rufen.

SPIEL UND SPASS

VOM GLÜCK ZWECKFREIEN VERGNÜGENS

»Der Mensch spielt nur, wo er in voller Bedeutung des Wortes Mensch ist, und er ist nur da ganz Mensch, wo er spielt«, lautet ein Zitat von Friedrich Schiller. Darüber sollten wir vielleicht einmal nachdenken. Kleine Kinder lernen die Welt im zweckfreien Spiel kennen. Sie »begreifen« die Welt mit ihren Händen, entwickeln im Umgang mit einfachen Dingen, wie zum Beispiel mithilfe von Klötzchen, Fantasie und Kreativität und schulen dabei unbewusst ihr Sprachvermögen.

Das Spiel gehört zu den ältesten kulturellen Darstellungen des Menschen, es ist noch vor der schriftlichen Aufzeichnung von Ideen und Gesetzen entstanden. In den Königsgräbern von Ur in Chaldäa wurden kunstvoll verzierte Brettspiele gefunden, die auf die Zeit um ungefähr 2800 vor Christus datiert werden. Um die Entstehung des wohl bekanntesten Brettspiels, des Schachs, ranken sich zahlreiche Legenden. Die wohl bekannteste ist die Weizenkornlegende:

In Indien herrschte einst ein König namens Shihram, der sein Volk auf übelste Weise unterdrückte. Ein Weiser erfand nun ein Spiel, in dem der König als die wichtigste Figur auf die Hilfe anderer angewiesen ist. Dem König gefiel das Spiel, er erkannte seine Fehler und verhielt sich fortan menschlicher. Aus Dankbarkeit gewährte er dessen Erfinder einen Wunsch. Dieser bat darum, das Spielfeld mit Weizenkörnern zu befüllen. Auf das erste Feld sollte nur ein einziges Korn gelegt werden, auf das nächste kämen zwei und dann weiter immer doppelt so viele Körner wie auf dem vorherigen Feld, bis alle vierundsechzig Felder belegt seien. Der König war zunächst erbost, weil er den Wunsch für zu bescheiden hielt. Als er einige Tage später nachfragte, ob die Auszahlung erfolgt sei, fand er seine Gelehrten immer noch am Rechnen vor. Schließlich wurde ihm mitgeteilt, dass die Forderung des Weisen nicht erfüllbar sei, weil das Reich nicht über so viel Weizen verfügte, denn es würde sich um 18.446.744.073.709.551.615 Weizenkörnern handeln. Die Menge hätte, nebenbei bemerkt, dem 1500-fachen der heutigen weltweiten Weizenernte entsprochen.

Sie müssen das jetzt nicht unbedingt nachrechnen. Die Zeit können Sie lieber in geselliger Runde mit einem Spiel verbringen.

Überlegen Sie: Wann haben Sie das letzte Mal gespielt? Ich meine, nicht allein am Computer oder mit dem Smartphone, sondern mit anderen Menschen zusammen? Zum Beispiel beim Mannschaftssport oder bei einem Gesellschaftsspiel?

Spielen ist zweckfrei; es entspannt, lenkt vom Alltag ab, weil man sich für eine Weile in eine ganz andere Welt begibt; es schult das Konzentrationsvermögen und kann helfen, Aggressionen abzubauen.

In dem Zusammenhang erinnere ich mich an meine Studentenzeit. Wir hatten ein Jahr vor dem Examen eine kleine Arbeitsgruppe von vier Personen gebildet und uns an jedem Nachmittag zum Lernen getroffen. Am Ende jeder Sitzung hatten wir uns Aufgaben für den nächsten Tag aufgegeben, die wir abends dann jeweils allein vorzubereiten hatten.

Wir kamen sogar an den Sonntagen zusammen, dann allerdings zu Kaffee und Kuchen und zum gemeinsamen Spiel. Uns standen seinerzeit nur Scrabble und Malefiz zur Verfügung. Vielleicht kennen Sie diese Spiele, man muss jetzt schon fast sagen – aus der guten alten Zeit. Gerade bei Malefiz konnte man es genießen, einen der Gegner mit einer Mauer am Fortkommen zu blockieren, und auf diese Weise eben auch unterschwellige Aggressionen abbauen.

Warum ich das erzähle? Wir haben uns im Verlauf unserer zweisemestrigen Examensvorbereitung nicht ein einziges Mal gestritten – und das, obwohl wir täglich zusammen gelernt hatten.

Ich denke heute noch, dass es das gemeinsame Spiel war, durch das unsere Arbeitsatmosphäre über den langen Zeitraum hinweg friedlich und freundschaftlich geblieben ist. Ganz nebenbei: Wir sind heute noch befreundet und treffen uns mindestens einmal im Jahr.

SPIELT MAL WIEDER

Denken Sie sich im Familien- oder Freundeskreis doch einmal ein ganz neues Spiel aus, für das Sie auch das Spielbrett und die Spielfiguren selbst gestalten. Sie müssen beim anschließenden Spiel ja nicht zwingend Weizenkörner auf den Feldern verteilen.

Wenn Sie allein leben, werden sich sicher ein paar andere liebe Menschen finden, die sich mit Ihnen zusammen auf solch einen Abend freuen, der Spaß und Geselligkeit verspricht und so viel Begeisterung auslöst, dass er vielleicht sogar nach Wiederholung ruft.

SICH HINREISSEN LASSEN

VOM GLÜCK DER BEGEISTERUNG

Erinnern Sie sich noch an ein spannendes Fußballspiel, das Sie im Stadion oder zu Hause vor dem Fernseher zwischendurch hat aufspringen lassen? An den Sieg der deutschen Fußballnationalelf bei der Weltmeisterschaft 2014 in Brasilien? Oder an Ihre Freude, wenn der Verein, dessen Fan Sie sind, wieder einmal den Sieg davongetragen hat? Oder an Ihre eigene Begeisterung beim Training? An den Jubel, wenn Sie oder Ihre Mannschaft gewonnen haben? Oder an den Marathonlauf, für den Sie lange trainiert haben und bei dem Sie unter dem Beifall der Menge durch die Zielgerade gelaufen sind?

Erinnern Sie sich an ein atemberaubendes Konzert, das Sie tief berührt hat? Musik zu hören, die einem gefällt, ist immer wieder ein besonderes Erlebnis. Da schwinden gleichsam die Sinne, Rhythmen bringen zum Schwingen, die Klänge ergreifen das Herz und lassen die Seele träumen. Heitere Melodien verführen zum Jubeln, melancholische treiben Tränen in die Augen. »Musik berührt uns auf physischer und psychischer Ebene. Sie bringt gestaute Leidenschaft wieder zum Fließen; sie ruft die Sehnsucht nach dem Einssein mit uns selbst, nach Selbstwerdung wach und lässt darin den Traum der Kindheit, als wir noch eins mit uns selbst und unseren Gefühlen sein durften, wieder neu aufleben. Musik kann uns der erfahrbaren Wirklichkeit entheben und zur Transzendenz führen. Im Zusammenspiel dieser vielfachen Facetten, in denen wir Musik erleben können, werden wir emotional in solch tiefer Weise ergriffen, dass sie bei uns Begeisterung hervorruft«, so der bekannte zeitgenössische Komponist Johannes Wulff-Woesten. Dem kann ich nur zustimmen. Nach manchem Musikstück, das mich im Innersten berührt hat, hatte ich das Gefühl, als sei ich verwandelt, als habe sich für einige Augenblicke der Himmel geöffnet. Ich habe tatsächlich schon erlebt, dass ein Konzert in mir eine tiefe Wunde hat heilen lassen.

Was wäre unser Leben ohne Musik. Mit diesen Worten beginnt Hermann Hesse die machtvolle Wirkung der Musik für die Seele zu beschreiben:

Was wäre unser Leben ohne Musik! Es brauchen ja gar nicht Konzerte sein. Es genügt in tausend Fällen ein Tippen am Klavier, ein dankbares Pfeifen, Singen oder

Summen oder auch nur das stumme Sicherinnen an unvergessliche Takte. Wenn man mir, oder jedem halbwegs Musikalischen, etwa die Choräle Bachs, die Arien aus der Zauberflöte und dem Figaro wegnähme, verböte oder gewaltsam aus dem Gedächtnis risse, so wäre das für uns wie der Verlust eines Organes, wie der Verlust eines halben, eines ganzen Sinnes. Wie oft, wenn nichts mehr helfen will, wenn auch Himmelsblau und Sternennacht uns nimmer erfreuen und kein Buch eines Dichters mehr für uns vorhanden ist, wie oft erscheint da aus Schätzen der Erinnerung ein Lied von Schubert, ein Takt von Mozart, ein Klang aus einer Messe, einer Sonate – wir wissen nicht mehr, wo und wann wir sie gehört und leuchtet hell und rüttelt uns auf und legt uns Liebeshände auf schmerzliche Wunden ... Ach, was wäre unser Leben ohne Musik!

Wieder anders als ein Konzert erlebe ich Oper und Theater. Während der Aufführung fiebere ich mit den Protagonisten mit, versinke in eine andere Welt, die mich emotional berührt und mich zu neuen Gedanken anregt. Manchmal staune ich, was sich Intendanten, Kostüm- und Maskenbildner alles einfallen lassen. Wie viele Ideen, wie viel kreative Fantasie, wie viel auch an handwerklicher Arbeit sind in die Vorbereitungen für die Aufführung geflossen.

Ein weiteres musisches Geschenk ist die darstellende Kunst.

Die frühesten Malereien sind nach heutigem Kenntnisstand etwa 22.000 Jahre alte Höhlenzeichnungen und Felsenritzbilder. Der Mythos von Plinius dem Älteren (23/24–79 n.Chr.) führt den Beginn der Malerei auf eine anrührende Liebesgeschichte zurück:

Die Tochter des Töpfers Butares aus Korinth nimmt bei Kerzenschein Abschied von ihrem Geliebten, der in die Ferne, vermutlich in den Krieg ziehen muss. In ihrem Kummer zeichnet sie den vom Lichtschein an die Wand projizierten Schatten des Geliebten mit einem Stift nach, um sein Bild festzuhalten. Weil er seiner Tochter eine Freude machen will, füllt ihr Vater den Umriss später mit Ton und brennt die Form. Auf diese Weise soll das erste Tonrelief entstanden sein.

Heute neigen wir eher dazu, den geliebten Menschen zu fotografieren als einen Schattenriss von ihm anzufertigen. Die Fotografie ist inzwischen zu einer eigenen klassischen Kunstgattung geworden. Ob Fotografie, Malerei, Medienkunst oder gestaltende Plastik – der Besuch einer Kunstgalerie kann uns emotional anrühren, ja, geradezu verzaubern. Manchmal sind es nur wenige Werke, vielleicht ist es sogar nur eine einzige Skulptur oder ein Gemälde, in dessen Farben und Formen wir versinken, das uns heiter oder traurig stimmt. Möglicherweise fasziniert es uns so, weil sich in ihm etwas an Schönheit oder auch Schrecken aus unserer eigenen Tiefe widerspiegelt. Das kann uns psychisch entlasten, weil wir spüren, dass gerade destruktive Gefühle, die wir uns selbst im Alltagsbewusstsein nicht eingestehen, auch von dem Künstler empfunden wurden, dass wir nicht allein damit sind. Bilder, die wir mit Freude betrachten, lassen uns hingegen aufatmen; sie können uns mit den heilvollen Quellen in unserer Seele in Verbindung bringen.

Als ich vor vielen Jahren in Freiburg im Lehrvikariat war, wo ich mich sehr unwohl gefühlt habe, fuhr ich an einem freien Tag nach Basel und sah dort in verschiedenen Galerien und Museen Gemälde an. Später sagte mein Lehrpfarrer zu mir: »Ich habe Sie selten so entspannt gesehen wie an dem Abend, als Sie aus Basel zurückgekommen waren.« Offenbar hatte mich die Betrachtung einzelner Bilder dermaßen tief berührt, dass sie mich innerlich haben aufleben lassen; vermutlich habe ich etwas von dem gespürt, was Pablo Picasso in die Worte gekleidet hat: »Kunst wischt den Staub des Alltags von der Seele.«

Und wie sieht es mit der Literatur aus? Können Sie Sprache genießen und sich in der Poesie himmlischer Gedichte verträumen? Kennen Sie Nächte, in denen Sie in einem Roman versunken sind und ihn nicht zur Seite legen konnten, weil er so spannend war? »Ich träumte von den Schmerzen der Dichter; ich weinte mit ihnen ihre schönsten Tränen, ich empfand sie nach bis zum Herzensgrunde; sie ergriffen, zerrissen mich und zuweilen war mir, als machte mich der Enthusiasmus, den sie mir einflößten, zu ihresgleichen.« Diese Faszination von Literatur, wie sie der französische Dichter Gustave Flaubert beschrieben hat, kann ich gut nachempfinden.

Wir brauchen immer wieder solche Augenblicke, die uns anregen, die uns beleben und in Schwung bringen. Hermann Herder hat einmal gesagt: »Ohne Begeisterung schlafen die besten Kräfte unseres Gemütes. Es ist ein Zunder in uns, der Funken will.«

Beobachten Sie doch einmal Kinder, wie sie hoch konzentriert und mit glühenden Köpfen in ihr Spiel vertieft sind, mit welchem Feuereifer sie Seifenblasen in die Luft pusten oder wie leidenschaftlich sie in ihren Mannschaften um den Sieg ringen.

WERDEN WIE EIN KIND

Vielleicht wäre das ja auch etwas für Sie: sich dann und wann erlauben, wieder zum Kind zu werden. Besuchen Sie doch einmal wieder einen Jahrmarkt und stellen Sie sich hinter einer Gruppe von Kindern bei der ›Geist‹erbahn an. Vielleicht be›geist‹ert Sie das Gejohle der Kleinen während der Fahrt dann ja auch und Sie haben Lust, sich anschließend noch eine Zuckerstange zu kaufen.

Erlebnisse, die uns begeistern, können auch an trüben Tagen gleichsam die Sonne aufgehen und uns die Welt mit freundlichen Augen betrachten lassen.

DIE DINGE POSITIV SEHEN

VOM GLÜCK, OPTIMISTISCH SEIN ZU KÖNNEN

Wie sehen Sie die Welt? Fallen Sie an einem wolkenverhangenen Tag in trübe Gedanken oder gibt es da doch etwas, das Sie heiter stimmt? Mit anderen Worten: Sind Sie eher Pessimist oder Optimist? Sie kennen ja den Spruch zu dem viel erwähnten Glas: Der Pessimist sagt: »Das Glas ist halb leer.« Der Optimist hingegen: »Das Glas ist halb voll.«

OPTIMIST ODER PESSIMIST?

Machen Sie einmal folgenden kleinen Test:

Wenn ein neuer Tag anbricht, sagen Sie dann:

a) Der heutige Tag wird auch wieder verlaufen wie jeder andere.

b) Wer weiß, was mir heute wieder an Überraschendem entgegenkommt?

Ihnen ist ein Fehler passiert. Wie reagieren Sie?

a) Das kriege ich nie hin, am liebsten würde ich mich unter der Decke verkriechen.

b) So ein Pech, da muss ich eben alles noch einmal überprüfen.

Sie nehmen eine Rose in die Hand und sagen:

a) Die trägt ja Stacheln, an denen ich mich verletzen könnte.

b) Wie herrlich diese Rose blüht und duftet.

Ihnen stehen Probleme im Weg. Sie denken:

a) So vielen Hindernissen fühle ich mich nicht gewachsen.

b) Auch für diese Probleme werde ich eine Lösung finden.

Sie sehen aus dem Fenster und stellen fest, dass es regnet. Ihnen geht der Gedanke durch den Kopf:

a) So ein Mist, jetzt fällt das schöne Grillfest heute Abend ins Wasser.

b) Der Regen ist gut für die Natur – und heute muss ich den Garten nicht gießen.

Sie fühlen sich im Augenblick sehr gestresst. Sie sagen sich:

a) Ich weiß gar nicht, wie ich diesen Tag bestehen kann.

b) Ich will versuchen, all das Schöne um mich herum wahrzunehmen.

Sie haben eine herbe Enttäuschung erlitten. Sie denken:

a) Jetzt weiß ich nicht mehr, wie es weitergehen soll.

b) Auch darüber werde ich hinwegkommen.

Haben Sie sich in den ein oder anderen Antworten wiedergefunden? Wie gehen Sie mit ärgerlichen, belastenden oder enttäuschenden Situationen um?

Vielleicht hilft Ihnen beim Nachdenken über diese Fragen folgende Geschichte auf die Sprünge.

PESSIMIST UND OPTIMIST

Es war einmal ein wohlhabender Mann, der hatte zwei Söhne. Wenngleich sie Zwillinge waren und sich äußerlich glichen wie ein Ei dem anderen, so waren sie in ihrem Wesen doch so unterschiedlich wie Tag und Nacht. Der eine war gnadenloser Pessimist und der anderer von strahlendem optimistischem Gemüt. Zu ihrem 18. Geburtstag wollte der Vater nun jeden mit einem Geschenk überraschen, das ihnen die Augen öffnen sollte für die jeweilige andere Sichtweise des Lebens.

Am Morgen des großen Tages betrat er zunächst das Zimmer des Pessimisten. Er gratulierte ihm zum Geburtstag und drückte ihm bei diesen Worten den Schlüssel zu einem teuren Sportwagen in die Hand. Der Sohn sah ihn mit großen Augen an. »So ein kostspieliges Geschenk?«, fragte er mit verdrossener Mine. »Damit ziehe ich ja sofort den Neid der anderen auf mich. Wenn ich damit zu schnell fahre, könnte ich einen Unfall bauen. Das Mindeste wäre ein Blechschaden, aber mir selbst könnte ja auch etwas passieren.«

Enttäuscht über die Unzufriedenheit seines Sohnes ging der Vater anschließend zu dem Optimisten, dem er nachts heimlich einen Korb mit Pferdemist vor die Tür gestellt hatte. Kaum hatte er das Zimmer betreten, fiel ihm sein Sohn schon strahlend um den Hals. »Ich danke dir von Herzen, Vater! Wie hast du nur meinen größten Wunsch erraten können?« Der Vater blickte verwirrt auf den Pferdemist. »Wovon redest du denn?«, fragte er verblüfft. »Nun, von dem Pferd, das im Stall auf mich wartet!«

Sie sehen: Mit genügend Optimismus kann man sogar angesichts eines Haufens Mist voller Zuversicht sein. Das wird uns selbst in Situationen, die uns »stinken«, sicher gelingen, wenn wir hier und da wieder einmal unseren Blickwinkel ändern.

Stellen Sie sich vor, Sie haben sich seit Langem auf Ihren wohlverdienten Urlaub gefreut. Kaum sind Sie vor Ort, regnet es ununterbrochen. Sie sind, verständlicherweise, schlechter Laune, wollten Sie sich doch sonnen, baden, spazieren gehen. Wenn Sie an ihrer üblen Stimmung festhalten, ist der Urlaub bald vorüber und Sie kehren frustriert heim. Was wäre zu tun? Sie erkundigen sich im Touristencenter nach dem, was der Ort zu bieten hat. Und siehe da: Es gibt ein interessantes Museum, ein kleines Theater und im Gemeindehaus einen Vortrag. In der Buchhandlung erstehen Sie einen spannenden Schmöker, mit dem Sie es sich am Nachmittag in Ihrer Unterkunft gemütlich machen, und für den Abend reservieren Sie sich einen Tisch im besten Restaurant am Platze. Sie buchen eine Tagestour mit dem Bus zu besonderen Sehenswürdigkeiten in der Gegend, die Sie bei einem Sonnenbad am Pool nie entdeckt hätten. Vielleicht gelingen Ihnen gerade bei Regen und Nebel einige interessante Fotos. Unterwegs lernen Sie nette Menschen kennen, mit denen Sie am Abend noch einige gemütliche Stunden in einer Weinstube verbringen. Vielleicht ergibt sich daraus sogar ein Kontakt, der über die Urlaubswochen hin anhält. Kennen Sie die Empfehlung von Dale Carnegie? »Wenn das Schicksal dir nur Zitronen gibt, dann mache Zitronenlimonade daraus.« Mit anderen Worten: Nicht sauer sein über das, was Sie gerade erleben. Gestalten Sie es um zu etwas, das Ihnen dann in seiner Süße wohl schmeckt und bekömmlich ist. Dazu hilft manchmal auch eine Portion Humor.

HUMOR IST, WENN MAN TROTZDEM LACHT

VOM GLÜCK HEITERER GELASSENHEIT

»Humor ist, wenn man trotzdem lacht«, lautet eine Redensart. Haben Sie Humor? Können Sie Missgeschicke, wie sie nun einmal passieren, mit Gelassenheit ertragen und von ihrer heiteren Seite nehmen?

Ein junges Paar – beide waren noch in der Ausbildung – verfügte über wenig Geld. Er hatte lange gespart, um ihr zum Geburtstag zwei Opernkarten zu kaufen. Schon lange hatte sie sich gewünscht, einmal eine Aufführung von Carmen zu sehen. Schick gekleidet, fuhren sie in die

Stadt. Als sie endlich einen Parkplatz gefunden hatten, fragte sie spaßeshalber. »Hast du auch die Karten dabei?« »Wieso?«, fragte er, »ich dachte, die hast du eingesteckt. Es war doch dein Geschenk.« Sie wurde blass. »Aber ich dachte, du hast sie genommen, ich hatte sie doch bewusst auf den Wohnzimmertisch gelegt.« Aus der Traum von der großen Oper. »Ach komm, dann singen wir eben selbst«, meinte er. Er setzte sich auf die Stufen des Opernhauses, legte seine Mütze vor sich hin und begann, Chansons zu singen. Tatsächlich warfen einige Leute ein paar Cent, andere sogar Euromünzen in die Mütze. Als sie später beim Italiener bei Pizza und Chianti saßen, mussten sie noch lauthals über diesen letztlich doch noch gelungenen Abend lachen.

Wie reagieren Sie selbst auf solche kleinen »Unfälle des Lebens«? Hier eine kleine Anregung dazu:

ALLES HALB SO SCHLIMM

Muss man es schon ein Unglück nennen,
wenn einem mal die Kartoffeln anbrennen,
wenn beim Waschen aus Versagen
die Socken geschrumpft sind, nicht mehr zu tragen?

Muss man gleich einen Streit anfangen,
weil einmal was zu Bruch gegangen
oder weil die Damasttischdecken
besudelt sind mit Rotweinflecken?

Muss man sich gegenseitig stressen,
weil einer den Hochzeitstag hat vergessen
oder wenn Briefe an die Lieben
aus Versehen liegen geblieben?

Muss man aus all dem ein Drama machen?
Ist es nicht schöner, darüber lachen?
Schließlich kann man später in netten Geschichten
von diesen »Unglücksfällen« berichten.

Humor ist die Kunst, sich von den Dingen an sich und ihrem Ernst zu distanzieren und Gelassenheit an den Tag zu legen. Gelassenheit hat etwas mit »lassen« können, mit »loslassen« zu tun. Und in diesem Fall mit dem Loslassen von dem oft zu hohen Anspruch, den wir an uns selbst stellen. Selbst wenn wir immer einwandfrei funktionieren wollen – uns passieren eben Missgeschicke und Fehler. Und wenn wir nicht gerade Chirurgen sind, bei denen ein Kunstfehler einem anderen Menschen das Leben kosten kann, dürfen wir Pleiten, Pech und Pannen gern von der heiteren Seite nehmen.

Es hat mich tief beeindruckt, als der frühere Vorsitzende der FDP, Vizekanzler und Außenminister Guido Westerwelle angesichts seiner schweren Krebserkrankung gesagt hat: »Über was hast du dich manchmal aufgeregt?« Aber müssen wir erst sterbenskrank sein, um zu der Einsicht zu gelangen, dass wir uns oft im Leben über Lappalien ärgern, anstatt mit Gelassenheit oder eben mit Humor zu reagieren und dadurch unsere Nerven und unsere Lebenskräfte zu schonen?

Nicht jedem ist diese Gabe allerdings mit in die Wiege gelegt. Aber man kann sich im Laufe des Lebens mehr und mehr darin einüben und sich dadurch viele Enttäuschungen und so einiges an Ärger ersparen. Denn Ärger kann einen innerlich zerfressen und krank machen. So manches Magengeschwür zeugt davon. Natürlich gibt es Situationen, in denen Ärger verständlich und berechtigt ist, und dann ist es für unsere seelische Gesundheit notwendig, dass wir ihn dort herauslassen, wo er hingehört. Aber viele kleine alltägliche Malheurs lassen sich mit Humor oder Lachen eben leichter überstehen.

Lachen ist die beste Medizin. Wieder eine Redensart, deren Wahrheitsgehalt nicht von der Hand zu weisen ist. Lachen ist auf vielfältige Art gesund. Es bremst die Produktion der Stresshormone Adrenalin und Cortisol und produziert körpereigene Glückshormone. Wenn ausgiebig gelacht wird, werden immerhin bis zu einhundert Muskeln trainiert. Zudem kräftigt es das Herz-Kreislauf-System. Lachen hat etwas Befreiendes, wir bringen darin unsere Freude und Lebenslust zum Ausdruck. Es fördert die Gemeinschaft und, solange es nicht hämisch ist, verbindet es Menschen verschiedener Kulturen und unterschiedlicher Generationen miteinander. Es ist sicher kein Zufall, dass es inzwischen Lachtherapien gibt, die unter anderem auch gegen Aggressionen und Wutanfälle helfen sollen.

Ein Lachen,
leise erst,
zaghaft noch,
dann immer lauter,
bis es schallend
die Wände
erzittern lässt,
befreit Leib und Seele,
es schenkt dem Atem
frische Luft
und verbindet
auf ansteckende Weise
Menschen miteinander,
die sich bis dahin
noch gar nicht
gekannt haben.

EIN SPASSABEND

Treffen Sie sich doch einmal mit einigen Freundinnen und Freunden zu einem »Spaßabend«. Jeder berichtet von Missgeschicken, die ihm unterlaufen sind, oder erzählt andere lustige Geschichten aus seinem Leben. Je älter die Teilnehmer sind, desto mehr haben sie vermutlich zu erzählen.

REIFEN WIE EIN GUTER WEIN

VOM GLÜCK DES ÄLTERWERDENS

Wir leben in einer Zeit des Jugendwahns. Anti-Aging-Cremes, Lifting und Behandlungen mit Botox sollen uns helfen, den natürlichen Alterungsprozess aufzuhalten. Doch warum müssen wir eigentlich mit sechzig oder siebzig Jahren aussehen wie mit zwanzig? Eine frühere Nachbarin hat an ihrem achtzigsten Geburtstag gesagt: »Jede Falte in meinem Gesicht habe ich mir hart erarbeitet.« Dieser Satz hatte mich seinerzeit tief beeindruckt. Ich wusste, dass sie, vor allem bedingt durch die Kriegszeit, kein leichtes Leben gehabt hatte. Sie trug ihre Falten gewissermaßen mit Stolz.

Aber ab wann kann man von »alt« reden? Als ich Ende dreißig war, las ich in der Hamburger U-Bahn die Werbung für eine

Silvesterveranstaltung: »Seniorentanz – ab 40.« Ich muss zugeben, dass mir dieser Satz die Sprache verschlagen hat.

Auch die Modeindustrie wirbt vornehmlich um junge Kundschaft. Für Ältere gibt es wenig Kleidungsstücke, die chic und flott aussehen. Dabei ist es eine Frage der inneren Haltung, ob man »alt« ist, und nicht eine Frage der Jahre, die man auf dem Buckel hat. Albert Schweitzer hat es einmal so ausgedrückt: »Jugend ist kein Lebensabschnitt, sondern ein Geisteszustand.« Ich habe junge Menschen erlebt, denen jeder innere Antrieb fehlte, etwas Neues zu riskieren. Sie lebten in geistiger Starre gewissermaßen leblos vor sich hin. Dagegen gibt es »junge Alte«, die immer wieder nach neuen Herausforderungen suchen.

Viele Menschen meinen ja schon im Alter von fünfzig oder sechzig Jahren, dass nun die Zeit vorbei sei, etwas Neues zu beginnen. Was für ein Irrtum! Gerade in diesem Alter kann man seine gesammelte Lebenserfahrung dazu nutzen, um sich noch einmal ein bisher unbekanntes Betätigungsfeld zu erschließen. Als ich im achten Schuljahr war, erzählte uns unsere Mathematiklehrerin, dass sie im folgenden Jahr in den Ruhestand gehen würde. Sie plante, dann Russisch und Kunstgeschichte zu studieren. Aus meiner damaligen kindlichen Sicht war sie natürlich »steinalt«. Umso mehr hat es mich beeindruckt, dass sie noch ein Studium plante. Wenn ich zurückdenke, hat mir dieser eine Satz mehr für das Leben mitgegeben als alle mathematischen Formeln zusammen, die ich seit Langem wieder vergessen habe. In diesem Zusammenhang berührt mich folgende kleine Weisheitsgeschichte:

Zum Meister kam einmal ein alter Mann und trug ihm folgendes Anliegen vor: »Ich bin jetzt fast siebzig Jahre alt und habe ein schweres Leben hinter mir. Bei Wind und Wetter war ich draußen auf den Feldern und habe mich geplagt, um meine Familie zu ernähren. Nun sind die Kinder aus dem Haus, aber mein größter Wunsch lässt mir einfach keine Ruhe. Ich habe zeitlebens davon geträumt, schwierige Bücher zu lesen und zu verstehen. Schon von klein an wollte immer so gern studieren.«

»Dein Alter ist doch kein Grund, das nicht zu tun«, entgegnete der Meister. Wenn es auch spät ist, so zündest du dir eben eine Kerze an.«

»Was soll denn der Spruch mit der Kerze?«, empörte sich der alte Mann. »Willst du mich verspotten?«

»Warum sollte ich, der ich selbst ein alter Mann bin, dich verspotten wollen?«, erwiderte der Meister. »Ich denke nur, dass sich das Lernen in der Jugend mit dem Aufgehen der Morgensonne vergleichen lässt, die das Dunkel der Unwissenheit nach und nach erhellt. Wenn sich ein Mensch im mittleren Alter dem Wissen um Gelehrsamkeit hingibt, leuchtet ihm die helle Sonne der Mittagszeit. Und wenn ein alter Mensch studiert, dann schimmert ihm ein Kerzenlicht. Das hat zwar keine sehr weite Strahlkraft mehr, aber es reicht aus, um das Umherirren in der Dunkelheit zu verhindern.«

Nicht nur in Geschichten gibt es eindrucksvolle Beispiele von aktiven alten Menschen.

Wir wissen, dass ältere Menschen durchaus dazu fähig sind, höhere Ämter in Staat und Kirche zu bekleiden. Bedenken Sie: Joachim Gauck war immerhin bereits 72 Jahre alt, als er seinerzeit Bundespräsident wurde. Von Konrad Adenauer ganz zu schweigen, der von seinem 73. bis zu seinem 87. Lebensjahr Bundeskanzler war. Altbundeskanzler Helmut Schmidt ist mit über neunzig Jahren noch fast täglich in die Redaktion der »Zeit« gefahren, deren Herausgeber er war, um dort mitzuwirken. Zugleich hatte er sich in diversen Talk-Shows immer wieder artikuliert. Auch die Päpste werden erst in höherem Alter in ihr Amt gewählt.

Nun, wir sind weder Päpste noch berühmte Politikerinnen oder Politiker – und werden es vielleicht auch nicht mehr werden. Aber wir können von diesen Menschen lernen, dass uns geistige Beweglichkeit bis ins hohe Alter fit halten und davor bewahren kann, vorschnell zum »alten Eisen« erklärt zu werden.

NEUES WAGEN

 Alt sein hängt nicht von den Jahren ab,
alt ist, wer sich geistig
nicht mehr bewegen kann,
und nicht bereit ist,
sich auf Neues einzulassen.
Wage noch einmal
den Sprung in das Ungewisse

und du wirst sehen,
was für ein weites Feld
sich vor dir ausbreitet,
in dem du tätig sein
und dich neu
entfalten kannst.

So habe ich vor einiger Zeit von einer 79 Jahre alten Frau gelesen, die mit einem altersschwachen Auto um die Welt gefahren ist, und von einer Achtzigjährigen, die noch ihr Abitur nachgeholt hat. Die einstige italienische Schauspielerin Gina Lollobrigida, die inzwischen Malerei und Bildhauerei zu ihrem Lebensinhalt gemacht hat, erklärte kurz vor ihrem 90. Geburtstag, dass sie gespannt den Ausstellungen ihrer Werke entgegensähe, und eine Dreiundneunzigjährige hat noch ihren Doktortitel gemacht hat.

Was lernen wir daraus? Es ist nie zu spät, sich auch in späteren Jahren noch »alte« Jugendträume zu erfüllen.

Leider werden alte Menschen von jungen Leuten oft schnell als »Oma« oder »Opa« abgetan, ohne dass deren Lebensleistung ins Blickfeld rückt und gewürdigt wird. Das kann man leider auch häufig im Umgang des Pflegepersonals mit älteren Menschen in Seniorenheimen beobachten. Selbst der Umgang der Kinder mit ihren alternden Eltern ist nicht immer liebevoll. Häufig werden die alten Eltern in einem Altenheim untergebracht, damit man nicht selbst für sie sorgen muss. Bei einigen Naturvölkern waren die Bräuche noch erheblich rauer, ja aus unserer Sichtweise sogar brutal, wovon die folgende Geschichte erzählt:

DAS HEILSAME ERSCHRECKEN

In längst vergangenen Zeiten gab es die Sitte, dass die Söhne ihre Väter auf den Rücken nahmen, einen Berg hochtrugen und sie dort zum Sterben niederlegten, sobald diese zu gebrechlich waren, um noch irgendeine Arbeit zu verrichten.

So trug es sich, diesem Brauch nach, in einem fernen Dorf wieder einmal zu, dass ein junger Mann seinen alten Vater zur Seite nahm und ihm sagte, dass nun die Stunde gekommen sei, in der er ihn auf den Berg tragen müsse, damit er dort sterbe. Der Alte sagte nichts, doch liefen ihm die Tränen der Trauer und des Schmerzes still über das Gesicht. Indes suchte der Sohn nach einer warmen Decke, nahm sie und seinen Vater auf die Schultern und machte sich auf den Weg. Es waren wohl Stunden vergangen, als sie zu einer freundlichen Lichtung im Wald kamen. Der junge Mann quälte sich die letzten Schritte mit der schweren Last auf seinen Schultern, dann legte er den Alten auf das warme Gras und gab ihm die Decke, damit er sich gegen die Kälte der Nacht schützen könne.

»Hast du ein Messer bei dir?«, fragte der Vater seinen Sohn. »Ja Vater, aber wozu braucht Ihr es?«

»Nimm das Messer und schneide die Decke, die du mir eben gegeben hast, in zwei gleich große Teile. Die eine Hälfte lässt du mir hier oben; die andere nimmst du wieder mit nach Hause, damit auch du dich wärmen kannst, wenn dein Sohn dich eines Tages diesen Berg hinaufträgt.«

Der Sohn war angesichts der Worte seines Vaters tief erschrocken. Er besann sich einen Augenblick, dann lud er den Vater mitsamt der Decke wieder auf den Rücken und trug ihn nach Hause zurück. Damit hatte dieser unselige Brauch für alle Zeiten ein Ende gefunden.

Bedenken wir doch, dass die heute alt gewordenen Eltern uns seinerzeit gewickelt und gestillt, beim Zähnchenkriegen und mancherlei Kinderkrankheiten nachts an unseren Bettchen gewacht und uns auf ihren Armen getragen und gewiegt haben. Überlegen wir angesichts dessen, wie wir mit ihnen umgehen wollen, wenn sie alt und hilflos geworden sind.

Solange man allerdings rüstig ist, hat das Altern ja auch eine wundervolle Seite. Man hat viele bereichernde Erlebnisse genießen können und eine ganze Reihe schmerzhafter Erfahrungen durchgestanden. Man ist ruhiger und gelassener geworden, hat gelernt, mit Irritationen des Lebens umzugehen, und im Umgang mit Problemen, die sich im Alltag immer wieder stellen, eine geweitete Sicht gewonnen. Mit anderen Worten: Man ist gereift. Und das ist ein sehr gutes Gefühl.

»ALTES« GENIESSEN

Gehen Sie einmal hinaus in den Wald und umarmen Sie einen dicken Baumstamm. Dieser Stamm konnte nur so stark werden, weil er in jedem Jahr wieder einen neuen Jahresring angesetzt hat. Wie viel Freude haben wir an alten, mächtigen Bäumen, deren weitreichende Kronen uns Schatten spenden.

Merken Sie etwas? Alter kann Stärke und Kraft bedeuten – und für andere hilfreich und wohltuend sein.

Auf dem Rückweg kehren Sie in einem gemütlichen Weinlokal ein und kosten ein Gläschen guten alten Weins. So nehmen Sie von diesem Spaziergang die Erfahrung mit, wie gut sich Alter anfühlt und wie himmlisch es mundet.

Rainer Maria Rilke hat auf so wunderbare Weise über das Alter geschrieben: »Ich glaube an das Alter, lieber Freund. Arbeiten und alt werden, das ist es, was das Leben von uns erwartet. Und dann eines Tages alt sein und noch lange nicht alles verstehen, nein, aber anfangen, aber lieben, aber ahnen, aber zusammenhängen mit Fernem und Unsagbarem, bis in die Sterne hinein.«

Für viele ältere Menschen liegt das Glück der späten Jahre sicher auch darin, die Enkelinnen und Enkel zu hüten, mit ihnen zu spielen und sie nach Kräften zu verwöhnen, wie es eben nur Großeltern vermögen. Da werden Erinnerungen wach und man träumt mit Wehmut im Herzen den Zeiten nach, als die eigenen Kinder noch klein waren. Die Betrachtung so manchen Fotoalbums legt Zeugnis davon ab. Und Vorteil für die Großeltern: Sie sind nicht mehr für alles verantwortlich.

Irgendwann tut es sicher nur noch gut, gar nichts mehr tun und leisten zu müssen, sondern sich ganz der Muße hingeben zu dürfen und vergangenen Zeiten nachzuträumen. Da gibt es hoffentlich viele heitere Erlebnisse, die wieder in uns wach werden und uns schmunzeln lassen.

AUCH DER BLÖDSINN HAT SEINEN SINN

VOM GLÜCK, MANCHMAL VER-RÜCKT ZU SEIN

Schabernack zu treiben ist keinesfalls ein Privileg der Jugend. Je älter man wird, desto mehr Freude gewinnt man wieder an kindlichem Vergnügen. Dazu will ich Ihnen drei kleine Anekdoten erzählen.

Da war das betagte Ehepaar, das sich – wohl unbeobachtet fühlend – auf einem Kinderspielplatz auf die Schaukeln setzte, Schwung holte und dabei sang: »Komm auf die Schaukel, Luise!« Wer weiß, welche Jugenderinnerungen beide damit verbunden haben.

Ein Paar war seit mehr als fünfzig Jahren zusammen. Eines Tages machten sie sich einen Spaß daraus, all die Sprüche, die im Laufe der Zeit zu ihrem ständigen Repertoire gehörten, aufzuschreiben und zu nummerieren. An der Goldenen Hochzeit zweifelten die Gäste an dem Verstand der beiden, als der Mann irgendwann »7« sagte, die Frau mit »13« darauf antwortete und beide in schallendes Gelächter ausbrachen.

Eines Tages wurde ein älteres Paar, das in der Wiener Innenstadt mit dem Auto unterwegs war, von einer Polizeistreife angehalten. Die beiden waren so vergnügt, schäkerten und poussierten miteinander, dass die Polizisten vermuteten, es mit angeheiterten Gästen eines Heurigenfestes zu tun zu haben. Aber sie irrten sich. Die beiden – sie hatten schon die Goldene Hochzeit hinter sich – besaßen gültige Führerscheine und hatten null Promille im Blut. Das machte die Polizisten stutzig, sodass sie den Wagen inspizierten. Zu ihrem Erstaunen stellten sie fest, dass beide Frontsitze mit Bremsen und Gaspedalen ausgerüstet waren – wie bei Fahrschulwagen. Auf die Frage, was das denn solle, antwortete das Pärchen vergnügt: »Damit jeder von uns beiden mal bremsen und mal Gas geben kann.«

Sie werden beim Lesen dieser Anekdoten vermutlich schmunzeln. Aber können Sie sich dadurch zugleich inspirieren lassen, selbst etwas Blödsinniges zu sagen oder zu tun, egal wie jung oder alt Sie sind? Ich denke manchmal, dass es guttut, wenn man am Ende seiner Tage noch einmal an sein Leben zurückdenkt und sich dann gerade der Verrücktheiten erinnert, die man sich vom Leben herausgenommen hat. An das Unerhörte, Närrische. Doch bis dahin muss man sich natürlich Einiges davon geleistet haben. Wie sagte schon Erasmus von Rotterdam? »Die höchste Form des Glücks ist ein Leben mit einem gewissen Grad an Verrücktheit.«

Sie ahnen schon, was jetzt kommt:

JETZT WIRD ES GANZ VERRÜCKT

Gönnen Sie sich gelegentlich das Vergnügen, sich an den Unsinn oder die Eskapaden Ihres bisherigen Lebens zu erinnern. Und das bitte ganz ohne Schuldgefühle. Denken Sie an dies und jenes zurück, das Ihnen wirklich Vergnügen bereitet hat, und lassen Sie sich Zeit, diesen Erinnerungen eine Weile genüsslich nachzuträumen. Sollte sich Ihr Leben bisher bedauernswerterweise nur in völlig vernünftigen Bahnen bewegt haben, wird es allerhöchste Zeit, dass Sie sich einmal einen gehörigen Spaß erlauben. Etwas Verrücktes eben. Ich traue Ihnen zu, dass Ihre Fantasie dazu ausreicht, sich etwas Ungewöhnliches auszumalen, und dass Sie dann auch den Mut finden, Ihre inneren Bilder in die Tat umzusetzen, solange sie nicht gerade kriminell sind. Fangen Sie heute damit an – morgen könnte es vielleicht zu spät dafür sein.

HEITER BIS ZUM LETZTEN TAG

Den Sehnsüchten
nachträumen
und die anscheinend
verrückten Gedanken
endlich einmal
in die Tat umsetzen,
damit sich das Leben
in Heiterkeit rundet
und einem
am Ende seiner Tage
noch ein Lächeln
auf das Gesicht
zaubert.

Es ist aber durchaus denkbar, dass Sie Ihr Leben noch etwas verlängern können, indem Sie sich nicht nur mit verrückten Ideen geistig fit halten, sondern auch körperlich mehr bewegen.

WER NICHT RASTET, ROSTET NICHT

VOM GLÜCK DER BEWEGUNG

»Wer rastet, der rostet«, lautet ein bekanntes Sprichwort. Ich habe es in der Überschrift zu diesem Kapitel in sein Gegenteil verkehrt. Wir wissen alle, dass es gesund ist, sich zu bewegen. Und da wir einen großen Teil unserer Zeit am Computer, vor dem Fernseher oder beim Autofahren verbringen, ist es besonders wichtig, dass wir Zeiten einplanen, in denen wir die mehr oder weniger vorhandenen Muskeln spielen lassen. »Turne bis zur Urne«, mit diesen Worten hat der bekannte Arzt Professor Dietrich Grönemeyer dazu aufgerufen, sich um der körperlichen Gesundheit willen an jedem Tag ausreichend zu bewegen.

Zu welchem Typus gehören Sie? Zu denen, die mit Begeisterung gemäßigten Sport treiben wie zum Beispiel zu joggen, schwimmen zu gehen oder im Winter Spaß am Skifahren zu haben, oder zu denen, die erst den inneren Schweinehund überwinden müssen, um sich in Bewegung zu setzen? Wie dem auch sei: Ein gewisses Maß an körperlicher Anstrengung tut einfach gut. Man muss dazu ja nicht unbedingt ein teures Fitnessstudio aufsuchen.

Ich erinnere mich an einen Tag, an dem ich ziemlich niedergedrückt war. Mit einem kleinen Rest an Energie bin ich in den Garten gegangen, habe den Spaten in die Hand genommen und ein Beet umgegraben. Als mir der Schweiß vom Leibe lief, habe ich mich wieder richtig wohlgefühlt. Beim Wandern sind mir oft die besten Ideen gekommen, sodass ich immer einen kleinen Block dabeihabe, damit ich sie mir gleich notieren kann. Die körperliche Bewegung bewegt also auch unsere Seele und unseren Geist. Nietzsche hat das einmal so formuliert: »So wenig als möglich sitzen, keinem Gedanken Glauben schenken, der nicht im Freien geboren ist, in der freien Bewegung, in dem nicht auch die Muskeln ein Fest feiern.«

Bei jeder Art körperlicher Bewegung werden Endorphine ausgeschüttet, Stress wird abgebaut und das Körpergefühl gestärkt. Das passiert natürlich erst recht beim Tanzen. Wie sagte schon Augustin?

Tanz ist Verwandlung
des Raumes, der Zeit, des Menschen,
der dauernd in Gefahr ist,
zu zerfallen, ganz Hirn,
Wille oder Gefühl zu werden.

Der Tanz dagegen fordert
den ganzen Menschen,
der in seiner Mitte verankert ist,
der nicht besessen ist
von der Begehrlichkeit

nach Menschen und Dingen
und von der Dämonie
der Verlassenheit im eigenen Ich.

Der Tanz fordert
den befreiten, den schwingenden Menschen
im Gleichgewicht aller Kräfte.

Ich lobe den Tanz.

O Mensch,
lerne tanzen,
sonst wissen die Engel
im Himmel mit dir
nichts anzufangen.

Erinnern Sie sich noch an den Schlager von Vico Torriani: »Lass uns mal ein Tänzchen wagen«? Probieren Sie es doch einfach einmal aus. Und sagen Sie jetzt nicht: Ich kann nicht tanzen. Es geht hier ja nicht um einen Walzer auf dem Wiener Opernball. Sie brauchen nicht einmal eine Partnerin oder einen Partner dazu, bei dem Sie fürchten, ihr bzw. ihm auf die Füße zu treten. Tanzen kann man auch zu Hause – und allein für sich. »Es gibt«, so der Sufi-Meister Inayat Khan, »ein spirituelles Hören, das mit Technik nichts zu tun hat. Es besteht einfach darin, sich selbst mit der Musik in Einklang zu bringen.« Und wenn Sie zum Alleinetanzen im Augenblick noch nicht bereit sind, dann lassen Sie erst einmal Ihre Seele tanzen.

EIN TÄNZCHEN WAGEN

Legen Sie zu Hause einmal Tanzmusik auf, die Sie gern mögen, und bewegen Sie sich dazu so, wie es Ihnen guttut. Schwingen Sie sich auf die Rhythmen der Musik ein, finden Sie Ihre eigenen Schritte und Bewegungsabläufe. Oder verführen Sie Ihre Partnerin bzw. Ihren Partner dazu, mal wieder ein Tänzchen mit Ihnen zu riskieren. Vielleicht bekommen Sie dadurch ja auch Lust dazu, einmal wieder einen Tanzkurs zu machen oder ein Tanzfest zu besuchen.

Wenn Sie sich zu so viel Bewegung im Augenblick nicht in der Lage fühlen, dann beginnen Sie erst einmal mit einem gemütlichen Spaziergang durch die Natur. Sie werden sich wundern, was es da alles für Überraschungen zu bestaunen gibt.

DAS LEBEN IST VOLLER ÜBERRASCHUNGEN

VOM GLÜCK, STAUNEN ZU KÖNNEN

»Stets findet Überraschung statt, da, wo man's nicht erwartet hat«, so Wilhelm Busch. Hin und wieder träumen wir davon, dass uns gleichsam ein Wunder vom Himmel in den Schoß fällt und uns vom Gleichmaß unseres Alltags befreit. Wenn das nicht geschieht, können wir uns selbst danach auf die Suche begeben. Beobachten Sie doch einmal ein Kind, wenn es dabei ist, die Welt zu entdecken. Ein Käfer, eine Blume, ja, selbst ein Stein können es zum Staunen bringen. Eine junge Mutter erzählte: »Wenn ich mit meinem zweijährigen Sohn durch den Wald gehe und zuschaue, was er alles aufstöbert, bewundernd betrachtet und im wahrsten Sinne zu begreifen versucht, dann nehme ich die Welt für mich auch wieder neu wahr.« Bekommen Sie da nicht Lust, einmal wieder einen Spaziergang durch die Natur zu machen? Dort gibt es unendlich viel Wundervolles, das Sie staunen lässt. Vielleicht die gewagten Sprünge eines Eichhörnchens, die Schönheit einer Blume mit all ihren feinen Staubgefäßen, die tiefe Verwurzelung eines alten Baums, das weiche Moos, der Duft der Tannennadeln oder das Schillern eines Regentropfens im Sonnenlicht.

WALDSPAZIERGANG

Schritt für Schritt
über den moosigen Waldboden wandern,
es genießen, wenn er unter den Füßen
ein wenig nachgibt.
Den Käfern zusehen,
wie sie über die Wurzeln krabbeln
auf der Suche nach Nahrung.
Dem Vogelgezwitscher versonnen lauschen,
am plätschernden Bach geruhsam verweilen

und den harzigen Geruch der Tannen
so tief in sich einsaugen,
als wäre es heute das erste
oder das letzte Mal.

Aber nicht nur der Wald kann uns ins Staunen versetzen. Da gibt es das Rauschen des Meeres, bunte Sommerwiesen, besonnte Berge, Sonnenuntergänge, die Jahreszeiten und ... Träumen Sie die Reihe für sich fort!

Das Staunen über die unsere Seele berührende Natur beschreibt Johann Wolfgang von Goethe in seinem Briefroman: »Die Leiden des jungen Werther« mit poetischen Worten:

Eine wunderbare Heiterkeit hat meine ganze Seele eingenommen, gleich den süßen Frühlingsmorgen, die ich mit ganzem Herzen genieße. Ich bin allein und freue mich meines Lebens in dieser Gegend, die für solche Seelen geschaffen ist wie die meine. Ich bin so glücklich, mein Bester, so ganz in dem Gefühle von ruhigem Dasein versunken, dass meine Kunst darunter leidet. Ich könnte jetzt nicht zeichnen, nicht einen Strich, und bin nie ein größerer Maler gewesen als in diesen Augenblicken. Wenn das liebe Tal um mich dampft und die hohe Sonne an der Oberfläche der undurchdringlichen Finsternis meines Waldes ruht und nur einzelne Strahlen sich in das innere Heiligtum stehlen, ich dann im hohen Grase am fallenden Bache liege und näher an der Erde tausend mannigfaltige Gräschen mir merkwürdig werden; wenn ich das Wimmeln der kleinen Welt zwischen Halmen, die unzähligen, unergründlichen Gestalten der Würmchen, der Mückchen näher an meinem Herzen fühle und fühle die Gegenwart des Allmächtigen, der uns nach seinem Bilde schuf, das Wehen des Allliebenden, der uns in ewiger Wonne schwebend trägt und erhält;

mein Freund! wenn's dann um meine Augen dämmert und die Welt um mich her und der Himmel ganz in meiner Seele ruhn wie die Gestalt einer Geliebten, dann sehne ich mich oft und denke: Ach könntest du das wieder ausdrücken, könntest du dem Papiere das einhauchen, was so voll, so warm in dir lebt, dass es würde der Spiegel deiner Seele, wie deine Seele ist der Spiegel des unendlichen Gottes! – Mein Freund! – Aber ich gehe darüber zugrunde, ich erliege unter der Gewalt der Herrlichkeit dieser Erscheinungen.

Diese Herrlichkeit der Natur offenbart sich uns zudem in allen Jahreszeiten auf immer wieder neue, bewundernswerte Weise.

JAHRESZEITEN

Es kommt in jedem Jahr
einem Wunder gleich,
wenn im Frühjahr wieder
neue Blüten aufbrechen
und der Sommer
Früchte reifen lässt,
deren Süße und Saft
unsere Sinne verzaubern.

Es kommt in jedem Jahr
einem Wunder gleich,
wenn der goldene Herbst
uns zur Ernte einlädt
und der Winter uns schließlich
mit weißen Flocken
und einer Zeit
der Stille beschenkt.

Aber vielleicht staunen Sie ja manchmal nicht nur über die unfassbare Schönheit der Natur, sondern zugleich über sich selbst? Über das Wunder, dass es Sie gibt und dass da viele Menschen sind, die Sie gern haben und Sie so annehmen und lieb haben, wie Sie sind. Erinnern Sie sich einmal an all das Beglückende, das Sie im Kreise Ihrer Lieben erleben durften. An wundervolle Überraschungen, die Ihnen bereitet worden sind. An Augenblicke, in denen Ihnen vor Freude gewissermaßen der Mund offen stehen geblieben ist, weil sie Ihre Erwartungen bei Weitem übertroffen haben. Wie viel Mühe haben sich da Menschen gegeben, um Ihnen einen großen Wunsch zu erfüllen und Sie froh zu machen? Wie viel Fantasie haben sie dafür eingesetzt, um Ihr Herz zu berühren.

Und womit können Sie einen anderen Menschen überraschen und zum Staunen bringen? Denn wie sagte schon Mark Twain: »Der beste Weg, sich selbst eine Freude zu bereiten ist, zu versuchen, einem anderen eine Freude zu machen.«

SIEBEN SACHEN, DIE FREUDE MACHEN

Verschenken Sie einmal ein Paket mit »Seelenmedizin«. Wickeln Sie einige (vielleicht wirklich sieben) sorgsam ausgewählte kleine Geschenke hübsch ein und legen Sie sie in einen Karton, der sich auch nett gestalten lässt. Auf einem beigefügten Brief steht die Anweisung, dass nur dann ein Päckchen ausgewickelt werden darf, wenn es dem Beschenkten gerade aufgrund von Ärger, Stress oder gesundheitlicher Einschränkung nicht gut geht. So hat er einen Vorrat an Freude daheim. Das ist übrigens auch ein schönes Geburtstagsgeschenk.

Aber denken Sie gelegentlich auch einmal an das, was Sie in Ihrem Leben schon alles erreicht haben. Gegen welche Widrigkeiten Sie kämpfen mussten. Wie viele Steine Ihnen im Weg lagen. Und welche Erfolge Sie letztendlich dennoch erzielen konnten.

STOLZ SEIN DÜRFEN
AUF SICH SELBST

VOM GLÜCK DES ERFOLGS

Eines Tages kam ein junger Mann zu Sokrates und bat ihn um Antwort auf folgende Frage:

»Kannst du mir wohl sagen, was das Geheimnis für Erfolg im Leben ist?"

Sokrates erwiderte nichts weiter als: »Komm morgen in aller Frühe zum Ufer.«

Am nächsten Tag erschien der junge Mann pünktlich am vereinbarten Ort. Sokrates sagte: »Jetzt steigen wir beide gemeinsam in den Fluss.«

Wie gesagt, so getan. Als beide schließlich bis zum Hals im Wasser standen, packte Sokrates plötzlich den jungen Mann und drückte dessen Kopf mit aller Macht unter Wasser. Der Mann wehrte sich verzweifelt, kämpfte mit Händen und Füßen, doch Sokrates ließ ihn nicht los. Als er nach einiger Zeit endlich seinen Griff lockerte, prustete und schnaufte der junge Mann völlig außer Atem.

Sokrates fragte ihn: »Als dein Kopf unter Wasser war, was wolltest du am meisten?«

»Luft natürlich!«, rief der junge Mann, immer noch außer Atem.

»Siehst du«, sagte Sokrates, »das ist das Geheimnis des Erfolgs. Wenn du Erfolg so sehr willst, wie du unter Wasser nach Luft verlangt hast, dann wird dir der Erfolg sicher sein.«

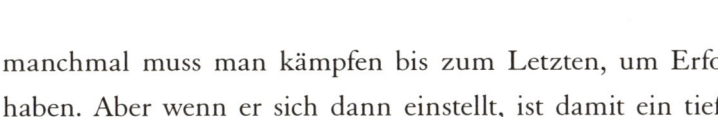

Ja, manchmal muss man kämpfen bis zum Letzten, um Erfolg zu haben. Aber wenn er sich dann einstellt, ist damit ein tiefes Glücksgefühl verbunden.

In der Schulzeit sind es gute Zeugnisnoten, später Studien- oder Berufsabschlüsse und im Laufe des Lebens besondere Leistungen, für die wir manchmal Anerkennung bekommen und die uns mit Stolz erfüllen. Unsere Arbeit wird gewürdigt. Solche Erfahrungen motivieren uns dazu, uns auch in Zukunft einzusetzen und unser Bestes zu geben.

Der Begriff Leistung ist im Zusammenhang mit dem Wort »Leistungsgesellschaft« in Verruf gekommen. Stattdessen leben wir in einer Spaßgesellschaft. Wir taumeln von einem Event zum nächsten. Natürlich ist es schön, Spaß zu haben – gelegentlich. Aber ein Leben, das nur aus Spaß besteht, entleert sich. Ihm fehlt die Substanz. Vokabeln lernen macht selten Spaß, aber wenn man schließlich eine Fremdsprache so gut beherrscht, dass man sich im entsprechenden Ausland problemlos verständigen kann, ist das durchaus mit Freude, innerer Befriedigung und somit auch mit Glücksgefühlen verbunden.

Oder stellen Sie sich vor, Sie sollen einen Vortrag halten. Anstatt vor dem Fernseher zu sitzen, tragen Sie Material zusammen und müssen sich, mühsam vielleicht, durch einen dicken Stapel an Unterlagen durcharbeiten. Sie lesen, markieren wichtige Stellen, sortieren, wählen aus, versuchen eine Gliederung und verwerfen sie wieder. Dann geht es ans Schreiben. Es folgen Überarbeitungsphasen. Schließlich sind Sie erleichtert fertig. Wie gut tut Ihnen der Applaus, wenn Sie den Vortrag erfolgreich gehalten haben. Die Freude darüber klingt mit Sicherheit noch tagelang nach.

Auch beruflicher Aufstieg erfordert Mühe. Man muss sich in neue Bereiche einarbeiten, Fragen stellen, sich von anderen beraten lassen, Kritik ertragen, Rückschläge in Kauf nehmen, sich »durchboxen.«

Ich vergleiche solche Anstrengungen gerne mit einer Bergtour. Es empfiehlt sich, früh aufzustehen und sich auf den Weg zu machen. An steilen Strecken muss man vielleicht innehalten, um wieder Luft zu bekommen und einen Schluck Wasser zu trinken.

Dann geht es Stunde um Stunde schwitzend weiter bergauf bis zum Gipfel. Allmählich werden die Beine müde. Vielleicht fragt man sich unterwegs, weshalb man diese Strapazen überhaupt auf sich genommen hat. Der atemberaubende Ausblick aber entschädigt für all die vorangegangenen Mühen. Man spürt, dass sie sich gelohnt haben.

Manchmal kann aber auch ein kleiner Trick zum Erfolg führen:

Das Erstlingswerk von Somerset Maugham, der mittlerweile zu den am meisten gelesenen englischen Autoren des 20. Jahrhunderts zählt, verkaufte sich außerordentlich schlecht. Sein Verleger war auch nicht gerade darum bemüht, den Absatz zu steigern.

Schließlich kam der Dichter selbst auf eine Idee. Er ließ in einer Zeitung – gut platziert – folgende Anzeige drucken: »Junger Mann, sportliebend, kultiviert, musikalisch, verträglicher, empfindsamer Charakter, wünscht ein junges, hübsches Mädchen, das in jeder Hinsicht der Heldin des Romans von W. Somerset Maugham gleicht, zu heiraten.«

Innerhalb von einer Woche nach Erscheinen dieser Anzeige war die erste Auflage seines Romans bereits vergriffen.

DAS GIBT EIN FEST

Nehmen Sie sich vor, Ihr nächstes kleines oder großes Erfolgserlebnis zu feiern, und träumen Sie gelegentlich schon davon, wie Sie das Fest gestalten möchten. Ich versichere Ihnen: Solche Fantasien haben motivierende Kraft.

Es ist uns sicher nicht immer bewusst, was wir in unserem Leben bisher schon erreicht haben. Da tun Erinnerungen manchmal gut. Ich selbst habe mir von Beginn meiner Berufstätigkeit an sogenannte »Lebensordner« angelegt. Wenn ich an mir selbst zweifle, gehe ich zum Bücherregal, nehme mir einen dieser Ordner hervor und blättere darin. Da findet sich eine Karte, die mir vor Jahren einmal Schülerinnen von einer Klassenreise geschickt haben, da gibt es Briefe, in denen sich Menschen für meine Hilfe und Unterstützung bedanken; da lese ich wunderschöne Gedichte, die Freundinnen und Freunde zu einem runden Geburtstag verfasst haben. Eine Weile blättere ich in den liebevollen Worten und spüre: Es ist doch vieles gewesen, das mich beglückt hat, wofür ich Bestätigung und Anerkennung erfahren habe und dankbar sein kann: Mein Wirken hat auf vielfältige Weise Früchte getragen. Dann fühle ich mich wieder in mir selbst zu Hause und kann mich mit frisch erwachter Lebenslust erneut meiner Arbeit zuwenden.

HIER BIN ICH ZU HAUSE

VOM GLÜCK DER GEBORGENHEIT

DIE HEIMAT

Johannes St. hatte zum Klassentreffen eingeladen. Und nach langer Zeit war R. wieder einmal in OS, in der Stadt, in der er geboren wurde, die Kindheit und Jugend verlebte und nach der er im Geheimen immer noch Sehnsucht hatte. Warum eigentlich? Es waren wohl hauptsächlich die Erinnerungen, die ihn jedes Mal überfielen, wenn er durch die Straßen ging, die ihm so bekannt und zugleich so fremd waren. Dort drüben, in diesem Haus, in dem jetzt ein Metzger seine Ware feilbot, hatte er braunen Kandiszucker, Bruchschokolade und Milch gekauft, die von der Inhaberin noch in die eigens dafür bestimmte Blechkanne gepumpt wurde, dort im Tante-Emma-Laden (der längst durch eine Frauenbuchhandlung ersetzt worden war) Süßigkeiten und Obst. Wo war bloß die Zeit geblieben? Er erinnerte sich plötzlich an Namen, Gebäude und Begebenheiten, die er schon längst vergessen zu haben glaubte.

Aber könnte er hier tatsächlich noch einmal zu leben anfangen? War da nicht diese gewaltige Lücke von über 20 Jahren, die eigentlich gar nicht zu schließen war? Es fehlte einfach etwas, und zwar das Erleben einer Fortentwicklung. So viel war in dieser Stadt passiert: die erste Liebe, der Zusammenbruch der elterlichen Firma, die Scheidung der Eltern ... Aber für ihn – den Besucher – war die Stadt stehen geblieben, seit er sie verlassen hatte, und er war eigentlich ein Fremder.

Abends ging er dann zum Klassentreffen. Viele seiner Klasse waren tatsächlich gekommen. Alle etwas behäbige Männer um die 45 herum, also in den »besten« Jahren, gut situiert mit Familie, Kindern und Wohlstand – zumindest bei den meisten. Einige hatte es wohl erwischt. Sie waren nicht gekommen und es ging das Gerücht, einer sei sogar im Pennerwohnheim gesehen worden und der andere sei »im Osten verschollen«. Bis 3 Uhr morgens hatten sie geredet, erst von banalen Dingen, dann – im kleineren Rahmen – von dem, was alle eigentlich wirklich interessierte: Hatten sich die Träume ihres ganz persönlichen Lebens tatsächlich erfüllt? Hatte sich dieses ganze Theater eigentlich gelohnt?

Er hatte in R.s Wohnung geschlafen, der schon zu Gymnasiumszeiten sein Freund gewesen war. Am nächsten Morgen fuhr er wieder zurück nach HD – auf der einen Seite traurig, weil er den Ort verließ, der im Grunde seine Heimat war, auf der anderen Seite froh, wieder dorthin zu fahren, wo die Gegenwart und wahrscheinlich auch die Zukunft für ihn lag. Aber er würde bestimmt wiederkommen!

RAINER LOEWE

Geht es Ihnen ähnlich wie dem Verfasser der Geschichte? Dass Erinnerungen an den Geburtsort wehmütig machen, wenn man ihn, sofern man nicht in ihm wohnen geblieben ist, nach langer Zeit wieder einmal aufsucht, dass man über all die Veränderungen staunt, die sich in den vergangenen Jahren vollzogen haben, dass man dann aber doch wieder gern in sein jetziges Leben zurückwill?

Woran denken Sie, wenn Sie das Wort »Zuhause« hören? Wenn ich selbst an zu Hause denke, fällt mir als erstes Hamburg ein. Dort bin ich geboren und aufgewachsen. Ich erinnere mich an meine Eltern, an die Schulzeit und die ersten Semester des Studiums. Es waren die Jahre meines Lebens, die mich stark geprägt haben. Alles war mir vertraut: die Stadt, die Menschen, die norddeutsche Sprache, an der ich bis heute hänge. Zum fünften Semester wechselte ich die Universität und zog in ein Studentenwohnheim in Göttingen, in dem seinerzeit, nach alter Tradition, nur Studentinnen und Studenten der Theologie wohnen durften. Das Zimmer war klein, das Gebäude sanierungsbedürftig, aber das störte mich nicht. Ich lebte das erste Mal allein. Aber dieses Gefühl hielt kaum ein paar Tage an. Aufgrund des gemeinsamen Mittag- und Abendessens im Haus lernte ich schnell andere Kommilitoninnen und Kommilitonen kennen. Freundschaften entstanden. Wenn einer von uns ein Problem hatte, wusste er, an wessen Tür er klopfen, mit wem er reden konnte. Manchmal haben wir an den Sonntagen gemeinsam einen Gottesdienst besucht, wir haben zusammen gekocht, gebacken und gespielt. Wir haben viel miteinander gelernt, mit allen Bewohnerinnen und Bewohnern des Hauses aber auch wundervolle Feste gefeiert. Schon nach kurzer Zeit hatte ich dort Wurzeln geschlagen.

Und dann kam es zu folgender Episode. Es war kurz vor Weihnachten und ich fuhr zu meinen Eltern nach Hamburg. Meine Mutter fragte mich, wie lange ich bleiben würde. Meine Antwort: »Zu Silvester fahre ich nach Hause.« Meine Mutter erwiderte: »Dein Zuhause ist hier.« Ich widersprach. Als ein Streit zu entflammen drohte, mischte sich mein Vater ein und fragte: »Wann fährst zu wieder nach Hause?« Er konnte zulassen, dass ich mich an einem anderen Ort und unter anderen Menschen wohler fühlte als bei ihnen, meinen Eltern. Er hatte verstanden, dass ich mich, wie man so schön sagt, abgenabelt hatte. Mein Zuhause war jetzt der Kreis lieber Freundinnen und Freunde, mit denen ich lebte und bei denen ich mich eben »zu Hause« fühlte.

ZU HAUSE

Heimat haben dort,
wo sich von Kindheit an
das Leben eingewurzelt hat,
verwachsen mit der Familie
und Freunden –
oder sich da zu Hause
und geborgen wissen,
wo Menschen sind,
die einen lieb haben
so, wie man ist –
wo immer auf der Welt
das auch sein mag.

Berührend finde ich in dem Zusammenhang folgende kleine Geschichte:

Schon von Weitem sieht er Rauch aus dem Kamin aufsteigen und weiß, sie ist zu Hause. Unwillkürlich beschleunigt er seinen Schritt. Er stellt sich vor, wie es sein wird, wenn er ihr in wenigen Minuten gegenübersteht, und spürt sein Herz schneller schlagen.

Vor der Haustür stehend, betrachtet er den Klingelknopf, drückt aber nicht drauf. Da öffnet sich die Tür.

Was gibt es Schöneres, als liebevoll erwartet und willkommen geheißen zu werden, wenn vielleicht schon der Tee in der Kanne dampft. Wenn wir uns bei anderen Menschen geborgen und aufgehoben fühlen, dürfen wir Freiheit atmen. Wir nehmen uns selbst wieder neu wahr und kommen mit unserem Selbst in Berührung, sodass wir uns in uns selbst beheimaten. Hermann Hesse hat diesen Gedanken einmal in folgende Worte gefasst: »Heimat in sich haben. Wie wäre da das Leben anders! Es hätte eine Mitte und von der Mitte aus schwängen alle Kräfte.«

EIN ZUHAUSE FÜR DIE SEELE

Berühren Sie mit beiden Händen liebevoll Ihr Gesicht, streichen Sie über Ihre Haut, spüren Sie Ihre Hände. Diese zärtliche Geste kann Sie die Sehnsucht spüren lassen, Ihrer Seele ein gutes Zuhause zu geben und Ihren Körper zu lieben. Denken Sie bewusst und voller Dankbarkeit an Ihre Hände: Was alles im Leben haben sie schon berührt, betastet und begriffen.

Sich in sich selbst mit Leib und Seele zu Hause zu fühlen, das ist wohl ein nahezu paradiesischer Zustand.

DIE GEHEIMNISSE DES LEBENS ERKUNDEN

VOM GLÜCK DER WISSENSCHAFTEN

Denken Sie einmal an den Anfang der Bibel und stellen Sie sich vor, Adam und Eva hätten sich an Gottes Verbote gehalten und nicht vom Baum der Erkenntnis gegessen. Wahrscheinlich würde es uns dann heute gar nicht geben – oder wir säßen noch alle im Paradies auf der Wiese unter den Bäumen, allerdings ohne Smartphone, Laptop und MP3. Der Schöpfungsmythos will uns darauf hinweisen, dass es sich beim Drang nach Erkenntnis, nach Wissenschaft und Forschung um eine göttliche Gabe handelt, die zugleich genuin menschlich ist. Es bedarf immer einer gewissen Neugierde, wenn man neue Erkenntnisse erreichen will.

NEUES ENTDECKEN

Was für ein Glück,
dass es Menschen gibt,
die den Drang verspüren,
Neues zu entdecken,
die, von kreativen Einfällen getrieben,
Grenzen übertreten,
über Gewohntes hinausgehen
und zu einer unüblichen Sichtweise finden.
Menschen, die auch Fehlentwicklungen
als Erkenntnisgewinn bewerten,
die sich nicht einschüchtern lassen
von Pessimisten und Skeptikern,
die nicht in die Fußstapfen anderer treten,
sondern die Mühe auf sich nehmen,
steinige Wege zu erschließen
und für andere begehbar zu machen,
damit das tägliche Leben müheloser
und einfacher wird.

FRIEDOLIN NÖKER

Wie unglaublich vielfältig ist das Wissen heute und wie sehr wirkt es sich auf unser ganz alltägliches Leben aus. Psychotherapeutische Methoden beispielsweise helfen dabei, uns selbst besser verstehen zu lernen, um etwa mit unseren dunklen, unseren Schattenseiten umzugehen und zum Kern des eigenen Wesens vorzudringen.

Traumatherapien helfen Menschen, schmerzhafte Erfahrungen zu verarbeiten. Psychosomatische Methoden können unter anderem schmerzhafte körperliche Blockaden auflösen, bei Phänomen von Essstörungen und bei Angst- und Panikattacken oder auch bei der Behandlung von posttraumatischen Belastungsstörungen helfen, also bei Krankheiten, die sich körperlich ausdrücken, aber psychische Ursachen haben.

Oder die Medizin: Ohne das Sezieren von Leichen und die daraus erwachsenen Erkenntnisse über den Körper und seine Funktionen wären Ärzte nicht in der Lage, eine Blinddarmoperation durchzuführen. Viele Medikamente, die unter zahllosen Experimenten in Labors entwickelt wurden, helfen uns, Schmerzen zu lindern und Krankheiten zu heilen. Wer könnte heute noch die Antibabypille wegdenken, die Frauen im Blick auf Schwangerschaften ein selbstbestimmtes Leben ermöglicht. Vor einigen Jahren hatten wir nur die vage Hoffnung, dass wirksame Medikamente gegen HIV auf den Markt kommen würden; heute können Infizierte ein weitgehend sorgenfreies Leben führen. Und ich hoffe sehr, dass es der medizinischen Wissenschaft eines Tages auch gelingt, die vielen Arten von Krebs zu besiegen.

Es sei nicht verschwiegen, dass die medizinische Forschung auch immer wieder ethische Fragen aufwirft. Darf man alles, was man kann? Doch die vielen Vorteile des medizinischen Fortschritts überwiegen. Starben Frauen im Jahr 1950 im Durchschnitt mit 67 und Männer mit 62 Jahren, so werden Frauen, die heute 65 Jahre alt sind, durchschnittlich 86 Jahre und Männer werden 82,5 Jahre alt. Sicher haben auch die Hygienewissenschaften und die

Ernährungswissenschaften ihren Teil dazu beigetragen. Was für ein wunderbarer Fortschritt. Inzwischen will die Forschung sogar das Altersgen entschlüsseln. Dazu folgende Anekdote:

Am Abend liest er ihr aus der Zeitung vor: »Die Genforscher haben ein neues ehrgeiziges Projekt in Angriff genommen. Sie wollen das Altersgen entschlüsseln, um den Menschen unsterblich zu machen. Das erste Ziel ist es, das menschliche Lebensalter auf 400 Jahre auszudehnen.« Darauf sie: »Ach du liebe Zeit, dann müsste ich ja noch 360 Jahre mit dir verheiratet sein.«

Nicht mehr wegzudenken aus unserem Leben sind ebenso zahllose Errungenschaften in der Technik. Wer möchte heutzutage auf eine Zentralheizung, den Fernseher, die Kaffeemaschine oder das Internet verzichten, auf den schnellen Zugang zu Informationen aus aller Welt? Wer kann ganz ohne Auto- und Eisenbahnverkehr auskommen? Wohl niemand möchte, wie einst Johann Wolfgang von Goethe, Italien mit dem Pferdewagen bereisen. Wie schnell können wir zum Einkaufen fahren, entfernt wohnende Freunde besuchen oder gar in andere Länder reisen. Wie viel an Lebensqualität und Lebensfreude gewinnen wir durch all diese Möglichkeiten. Sicherlich sind auch in technischen Bereichen kritische Fragen angebracht. Aber letztlich liegt die Entscheidung, wie selbstbestimmt wir unser Leben führen wollen, bei uns selbst. Wir dürfen den Fortschritt genießen, ohne uns ihm ausliefern zu müssen.

WIE WICHTIG IST DER FORTSCHRITT?

Verzichten Sie probehalber eine Woche lang auf eines Ihrer technischen Geräte. Statt E-Mails zu versenden, schreiben Sie alle anfallenden Briefe mit der Hand und tragen sie brav zum Briefkasten.

Für die ganz Hartgesottenen: Verzichten Sie einmal für einen Tag auf die Benutzung aller technischen Geräte in Ihrer Wohnung. Und wenn Sie bei guter Gesundheit sind, im Winter auch auf die Heizung. Falls Sie Kopfschmerzen bekommen, sogar auf die Tablette. Sie werden am nächsten Tag mehr als glücklich sein, wenn Sie alles verwenden und benutzen dürfen, was Ihnen stets so selbstverständlich zu sein scheint.

Oder machen Sie sich zu einem Reiseziel mit einem Rucksack zu Fuß auf den Weg. Das wird sicher eine ganz neue Urlaubserfahrung.

AB IN DIE FERNE ...

VOM GLÜCK DES REISENS

Was war das für ein Abenteuer, als wir in den 1960er Jahren mit der ganzen Familie im Brezelkäfer in den Sommerurlaub nach Österreich aufgebrochen sind. Da wurden in aller Frühe Brote vorbereitet, Dosen mit Frühstücksfleisch und hart gekochte Eier eingepackt und eine Thermoskanne mit Kaffee gerichtet, damit wir unterwegs ein herzhaftes zweites Frühstück einnehmen konnten. Die Fahrt dauerte lange, aber im Nachhinein betrachtet verging sie wie im Fluge.

Diese Zeiten haben sich inzwischen grundlegend geändert. Heute fahren oder fliegen schon Schulklassen ins ferne Ausland. Die Angebote der Reisegesellschaften sind groß, für nahezu jeden Geldbeutel ist etwas dabei.

Ich bin viel und gerne gereist. Den letzten Anstoß dazu gab ein Gespräch in einer Klinik, als ich während meines Vikariats ein Seelsorgepraktikum absolvierte. Gleich am ersten Tag besuchte ich eine etwa vierzigjährige krebskranke Frau. Ich habe nie vergessen, als sie sagte: »All die Jahre haben wir gespart, um das Haus abzubezahlen. Diesen Sommer wollten wir das erste Mal mit der ganzen Familie in Urlaub fahren – und nun das.«

Meine eigene erste Fernreise führte mich nach Polen, weil ich mir gern die Gegend um Breslau anschauen wollte, in der meine Großmutter geboren und aufgewachsen war. Viele andere Reisen folgten, später auch zusammen mit meinem Mann, den ich in unserer Reisegruppe in der Transsibirischen Eisenbahn kennengelernt hatte.

Wir waren uns einig: Wir wollten unser Geld lieber für Reisen ausgeben als ein Haus auf Kredit zu finanzieren und uns das Abenteuer, ferne Länder zu besuchen, nicht für das Alter aufsparen. Wenn ich heute die Welt betrachte, die vielen Unruheherde, bin ich froh, dass wir uns seinerzeit so entschieden haben. Und wir haben manches besser verstanden, nachdem wir es mit eigenen Augen gesehen hatten. Wie sagt das Sprichwort treffend: »Reisen bildet.«

Eine Reise beginnt ja nicht erst mit dem Kofferpacken. Allein schon das Blättern in Reisekatalogen, die Suche nach spannenden Zielen und einladenden Hotels oder das Erkunden des Reiseziels vorab mit Google-Maps machen viel Spaß. Oder man möchte in einer beruflichen Auszeit oder nach dem Berufsleben in einer längeren Reise mehrere Länder und die Menschen dort kennenlernen.

EINMAL UM DIE GANZE WELT ...

»In jeder Freistunde sehe ich, wie du im Atlas blätterst, Thomas, hast du eine große Reise vor?« »Im nächsten Jahr werden meine Frau und ich mit unserem Wohnmobil eine Weltreise unternehmen.« »Und wie wollt ihr das finanzieren?« »Wir nehmen ein Sabbatjahr.« »Was macht ihr?« »Wir haben in den letzten sechs Jahren auf den siebten Teil unseres Gehalts verzichtet, sodass wir im kommenden Jahr aus diesen Einsparungen regelmäßige Bezüge erhalten. »Das ist ja super.« »Ja, das Leben besteht schließlich nicht nur aus Arbeit und Pflicht. Jetzt planen wir, wohin wir reisen und was wir sehen und erleben wollen.«

Und nach der Reise erfreuen uns Fotos, Videos und Mitbringsel und lassen uns die schöne Zeit auf diese Weise noch einmal nacherleben.

DAS SCHMECKT NACH URLAUB

Wie wäre es, wenn Sie sich einmal wieder Videos und Fotos von vergangenen Reisen vornehmen und dazu einen gemütlichen Abend gestalten? Für eine spanische Fiesta beispielsweise bereiten Sie eine Paella oder eine Reihe von Tapas zu und genießen dazu eine Sangria. Und dazu legen Sie Flamencomusik auf.

LEBENSLUST AUF SPANISCH

Kennst du den Ort,
wo Äpfel, Orangen
und auch Honigmelonen
ihren Duft versprühen
und ihre Aromen
durch die Räume ziehen?
Wo Rum und Rotwein
ihre Flaschen
verlassen müssen
zum Vernaschen?
Das Ganze kommt mir
spanisch vor,
ach, was bin ich doch
für ein Tor:
Das riecht nach Urlaub,
das schmeckt so fein –
das kann nur eine
Sangria sein!

BUNT GEMISCHT
IST SCHÖN

VOM GLÜCK EINER
VIELFARBIGEN WELT

Natürlich sind Fernreisen in andere Kontinente ein besonderes Erlebnis, weil man mit fremden Kulturen bekannt wird und dadurch seinen Horizont erweitert.

Ganz sicher erfahren wir durch die Begegnung mit Einheimischen, durch die Vielfalt ihrer Riten, Tänze, Baukünste, Religionen und Lebensgestaltungen, aber auch durch ihre Freundlichkeit und Gastfreundschaft eine persönliche Bereicherung. Doch wenn Menschen aus anderen Kulturkreisen und mit anderer Hautfarbe aufgrund von Armut und Krieg zu uns flüchten, stehen ihnen viele skeptisch, wenn nicht geradezu ablehnend gegenüber. Beeindruckt hat mich folgendes Gedicht:

Ich werde schwarz geboren, wachse schwarz auf,
wenn ich in der Sonne bin, bleibe ich schwarz,
wenn ich friere, bleibe ich schwarz
und wenn ich sterbe, bin ich immer noch schwarz!

Aber du: Du kommst rosa zur Welt, wächst weiß auf,
wenn du krank bist, bist du grün.
In der Sonne bist du rot.
Wenn du frierst, bist du blau.
Wenn du stirbst, bist du bleich!

Und du nennst mich einen Farbigen?

Wie unsinnig, ja, menschenverachtend der von populistischen Parteien und Gruppierungen propagierte Ausruf »Ausländer raus« ist, zeigt das folgende Märchen:

MÄRCHEN VOM AUSZUG ALLER »AUSLÄNDER«

Es war einmal, etwa drei Tage vor Weihnachten, spät abends. Über dem Marktplatz der kleinen Stadt kamen ein paar Männer gezogen. Sie blieben an der Kirche stehen und sprühten auf die Mauer die Worte »Ausländer raus« und »Deutschland den Deutschen«. Steine flogen in das Fenster des türkischen Ladens gegenüber der Kirche.

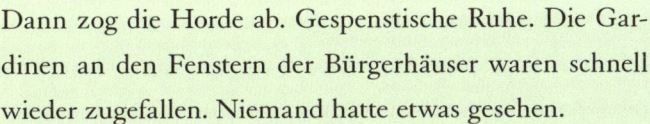

Dann zog die Horde ab. Gespenstische Ruhe. Die Gardinen an den Fenstern der Bürgerhäuser waren schnell wieder zugefallen. Niemand hatte etwas gesehen.

»Los kommt, wir gehen.«

»Wo denkst du hin! Was sollen wir denn da unten im Süden?«

»Da unten? Da ist doch immerhin unsere Heimat. Hier wird es schlimmer. Wir tun, was an der Wand steht: ›Ausländer raus‹!«

Tatsächlich: Mitten in der Nacht kam Bewegung in die kleine Stadt. Die Türen der Geschäfte sprangen auf. Zuerst kamen die Kakaopäckchen, die Schokoladen und Pralinen in ihrer Weihnachtsverkleidung. Sie wollten nach Ghana und Westafrika, denn da waren sie zu Hause. Dann der Kaffee, palettenweise, der Deutschen Lieblingsgetränk: Uganda, Kenia und Lateinamerika waren seine Heimat.

Ananas und Bananen räumten ihre Kisten, auch die Trauben und Erdbeeren aus Südafrika. Fast alle Weihnachtsleckereien brachen auf. Pfeffernüsse, Spekulatius und Zimtsterne, die Gewürze aus ihrem Inneren zog es nach Indien. Der Dresdner Christstollen zögerte. Man sah Tränen in seinen Rosinenaugen, als er zugab: Mischlingen wie mir geht's besonders an den Kragen. Mit ihm kamen das Lübecker Marzipan und der Nürnberger Lebkuchen.

Nicht Qualität, nur Herkunft zählte jetzt. Es war schon in der Morgendämmerung, als die Schnittblumen nach Kolumbien aufbrachen und die Pelzmäntel mit Gold und Edelsteinen in teuren Chartermaschinen in alle Welt starteten. Der Verkehr brach an diesem Tag zusammen ... Lange Schlangen japanischer Autos, vollgestopft mit Optik und Unterhaltungselektronik, krochen gen Osten. Am Himmel sah man die Weihnachtsgänse nach Polen fliegen, auf ihrer Bahn gefolgt von den Seidenhemden und den Teppichen des fernen Asiens.

Mit Krachen lösten sich die tropischen Hölzer aus den Fensterrahmen und schwirrten ins Amazonasbecken. Man musste sich vorsehen, um nicht auszurutschen, denn von überall her quoll Öl und Benzin hervor, floss in Rinnsalen und Bächen zusammen in Richtung Naher Osten. Aber man hatte ja Vorsorge getroffen.

Stolz holten die deutschen Autofirmen ihre Krisenpläne aus den Schubladen: Der Holzvergaser war ganz neu aufgelegt worden. Wozu ausländisches Öl?! – Aber die VWs und BMWs begannen sich aufzulösen in ihre Einzelteile, das Aluminium wanderte nach Jamaika, das Kupfer nach Somalia, ein Drittel der Eisenteile nach Brasilien, der Naturkautschuk nach Zaire. Und die Straßendecke hatte mit dem ausländischen Asphalt auch immer ein besseres Bild abgegeben als heute.

Nach drei Tagen war der Spuk vorbei, der Auszug geschafft, gerade rechtzeitig zum Weihnachtsfest. Nichts Ausländisches war mehr im Land. Aber Tannenbäume gab es noch, auch Äpfel und Nüsse. Und die »Stille Nacht« durfte gesungen werden – allerdings nur mit Extragenehmigung, das Lied kam immerhin aus Österreich!

Nur eines wollte nicht in das Bild passen: Das Kind in der Krippe, sowie Maria und Josef waren geblieben. – Ausgerechnet drei Juden! Wir bleiben, hatte Maria gesagt, denn wenn wir aus diesem Land gehen, wer will ihnen dann noch den Weg zurück zeigen – zurück zur Vernunft und zur Menschlichkeit?

Wir sind in unserer globalen Welt nun einmal miteinander verbunden. Wer von uns wollte schon gern jeden Tag Eisbein mit Sauerkraut oder Rindsrouladen mit Rotkohl essen? Wie gern holen wir uns mal eine Pizza, einen Döner oder eine Schale mit chinesischen Nudeln, um nur ein Beispiel zu nennen. »Ausländisches« ist aus unserem Leben nicht mehr wegzudenken. Weshalb haben denn einige Probleme mit den »Ausländern« selbst? Wie formulierte es Carl Valentin einst so treffend? »Fremd ist der Fremde nur in der Fremde.«

Ich habe gute Erfahrungen in fremden Ländern gemacht. Auf einer Türkeirundreise hatte ich mir einen schweren Magendarminfekt zugezogen. Das Hotel verständigte einen Arzt. Ich war überrascht, dass er die deutsche Sprache beherrschte. Er habe in Tübingen studiert, meinte er. Dieser Arzt hat an dem einen Tag vier Mal nach mir gesehen. Am nächsten Vormittag war ich noch nicht reisefähig. Erst am Nachmittag ging es mir so leidlich, dass mein Mann und ich unserer Reisegruppe, die mit dem Bus inzwischen auf ihrer nächsten Tagesetappe war, mit einem Taxi nachfahren konnten. Unterwegs hielt der Taxifahrer an einer Tankstelle an und kam mit drei Flaschen Mineralwasser zurück; eine für sich selbst und die anderen beiden für uns. Ich habe diese Geste als einen aufmerksamen Ausdruck von Gastfreundschaft empfunden.

Ein anderes Beispiel: Mein Mann ging beruflich für zwei Jahre nach Brasilien und ich folgte für die Dauer eines halben Jahres. Natürlich hatten wir zusammen einen Sprachkurs gemacht. Aber in Brasilien gibt es eben auch zahllose Dialekte wie bei uns, die einem die Verständigung erschweren. Es ist also kein Wunder, dass mich eine Verkäuferin mit großen Augen nur verständnislos ansah, als ich mit meinem Schul-Portugiesisch versuchte, in unserem kleinen Städtchen in der Nähe von Rio de Janeiro ein Federballspiel zu kaufen. Im zweiten Anlauf versuchte ich, wie man so schön sagt, mich mit Händen und Füßen verständlich zu machen. Mit Gesten umschrieb ich die Gestalt eines Schlägers und eines kleinen Balles, den ich in die Luft warf. Doch vergeblich. Schließlich nahm ich Papier und Bleistift und entwarf eine Skizze des von mir begehrten Objekts, wiederholte meine Gebärden und versuchte, mithilfe des Lexikons deutlich zu machen, was ich zu kaufen wünschte. Plötzlich leuchteten die Augen der Verkäuferin auf. Ich verstand so viel wie: Das haben wir nicht, aber irgendwo, geradeaus und dann um ein paar Ecken wäre ein Geschäft, in dem ich bekommen könnte, was ich suchte. Ich hielt ihr meinen Bleistift hin und versuchte, ihr irgendwie klar zu machen, dass sie mir doch bitte eine Wegskizze anfertigen möge. Ich weiß nicht, ob sie begriffen hatte, um was ich sie bat. Jedenfalls packte sie mich plötzlich am Ärmel, zog mich aus dem Laden, sperrte die Tür zu und ging mit mir die Straße entlang, bog nach links, dann wieder nach rechts, noch einmal schräg links und wies schließlich mit der Hand auf ein Geschäft, das neben allerlei anderen Utensilien auch Spielsachen und Sportgeräte führte, sagte »Bye« und verschwand. Ich fand nicht genau das Gesuchte, aber ein ähnliches Spiel mit Schlägern und Ball. So kann man also auch mit Fremden umgehen, dachte ich. Nicht murren, ungeduldig oder hochmütig werden, weil sie über eine so geringe Kenntnis der eigenen Sprache verfügen und sich nicht richtig mitteilen können, sondern tatkräftig helfen, ein Stück mitgehen, Orientierungshilfe geben. Ich nahm mir fest vor, dieses Erlebnis mitzunehmen, in meine Heimat, dahin, wo andere »Ausländer« sind.

Tausende Menschen sind in den vergangenen Jahren zu uns geflüchtet, haben Asyl beantragt, viele kommen heute noch. Was bedeutet es wohl für jeden Einzelnen von ihnen, die Orte, oft auch Teile ihrer Familie und Freunde aufgeben zu müssen, bei denen sie sich einst daheim und geborgen wussten? Können wir ihnen, bei allen Bemühungen um Integration, wirklich eine neue Heimat schenken? Einen Lebensraum, in dem sie sich langfristig zu Hause fühlen können? Ich hoffe es sehr.

Durch beglückende Erfahrungen, die wir auf Reisen ins Ausland gemacht haben, wo wir selbst »Ausländer« waren, kann sich die Angst vor den Fremden in unserem Land zu der Freude an dem vielen Neuen wandeln, das uns zuströmt und uns in unserer unmittelbaren Umgebung bereichert.

Es war kurz vor Ostern, als ich eine Tüte mit Schokoladeneiern gekauft hatte. Das Fahrrad war überladen und plötzlich fiel mir die Tüte, die in der Tasche ganz oben gelegen hatte, auf den Radweg, sodass alle Ostereier herauspurzelten. Es gab keine Möglichkeit, das Rad irgendwo anzulehnen. Da kam eine Frau vorbei und meinte: »Ich kann Ihnen nicht helfen – ich muss jetzt da hinein.« Und wohinein musste sie? Ins christliche Gemeindehaus. Aber ich hatte Glück. Kurz darauf kam eine junge Muslima mit ihrem kleinen Sohn des Weges und ging mir dabei zur Hand, die Eier wieder einzusammeln. Als ich mich bedankte, antwortete sie freundlich: »Wir helfen gern.«

Öffnen wir also unser Haus Menschen, die bei uns Zuflucht suchen, und lassen wir uns mit unserem Herzen auf sie ein.

NEUGIERIG AUF FREMDE(S)

Auch wenn Ihnen der Gedanke zunächst vielleicht fernliegt: Es lohnt sich, Asylanten und ihre persönliche Geschichte kennenzulernen. Laden Sie einen Asylanten zu sich nach Hause zu einer Tasse Tee ein und versuchen Sie, mit ihm ins Gespräch zu kommen. Das wird sicher eine bereichernde Begegnung für beide.

Solche Begegnungen machen uns wieder neu bewusst, dass wir in einem Land leben, in dem wir, im Vergleich zu vielen anderen, nahezu unendlich viele Freiheiten genießen dürfen.

SICH ENTSCHEIDEN KÖNNEN

VOM GLÜCK DER FREIHEIT

Der Philosoph Jean-Jacques Rousseau hat einmal gesagt: »Die Freiheit des Menschen liegt nicht darin, dass er tun kann, was er will, sondern dass er nicht tun muss, was er nicht will.« Welche Freiheit ist es, dass wir in unserem Land keinen Zwängen unterworfen sind, sondern nicht nur denken, sondern auch sagen dürfen, was wir wollen, ohne dass wir fürchten müssen, für unsere Äußerungen ins Gefängnis zu kommen oder gar gefoltert oder ermordet zu werden! Wir haben die Möglichkeit, uns zu versammeln und auf Demonstrationen unsere Meinung nach außen zu tragen. Wir können wählen, welche Parteien die Regierung stellen sollen, ein Privileg, von dem Menschen in vielen Ländern nur träumen. Wir dürfen über unseren Ausbildungsweg entscheiden, unseren Lebenspartner und unsere Lebensform selbst bestimmen und haben die Chance, die Länder zu bereisen, die uns locken. Niemand zwingt uns eine bestimmte Religion auf. Künste dürfen sich frei entfalten, ohne einer Zensur zum Opfer zu fallen. In alldem liegt ein hohes Potenzial zur Selbstverwirklichung. Vielleicht ist uns das manchmal gar nicht bewusst.

Durch den wirtschaftlichen Wohlstand steht uns ein umfangreiches Angebot an Konsumgütern zur Verfügung. Wir können fast alles kaufen, was uns gefällt und Freude macht. Jeden Tag können wir unser Essen nach dem auswählen, worauf wir Appetit haben, ob wir uns vegan oder vegetarisch ernähren wollen oder ob wir beim »Griechen«, »Italiener«, »Chinesen« oder im Steakhaus einkehren wollen. Auch das ist ein Aspekt von Freiheit.

Um nicht missverstanden zu werden: Natürlich gibt es keine absolute Freiheit. Die eigene Freiheit stößt da an ihre Grenzen, wo die Freiheit des anderen und der Respekt vor ihm beginnen. Das gilt insbesondere im Blick auf die Arbeiterinnen und Arbeiter, die in anderen Ländern unter katastrophalen Bedingungen zum Beispiel Textilien oder Teppiche herstellen, die bei uns zu geringem Preis verkauft werden. Das betrifft ebenso die Menschen, die ohne Schutzkleidung Pestizide auf die Felder sprühen und dabei schwere gesundheitliche Schäden davontragen, damit wir auch im Winter grünen Spargel, Weintrauben oder sogar Rosen kaufen können. Massentierhaltung für günstige Fleischpreise ist ebenso hochproblematisch wie die Überfischung der Meere. Unsere Freiheit in dem, was wir verbrauchen, ist also immer mit Verantwortung verbunden. Dennoch: Bei einem bedachten und rücksichtsvollen Konsum gibt es bei uns immer noch vieles, das wir genießen und worüber wir uns freuen dürfen. Richard von Weizsäcker hat das so formuliert: »Wir wollen eine Freiheit, die Wohlstand ermöglicht, die sich aber nie im Wohlstandsdenken erschöpfen darf.«

Aber über die gesellschaftliche Freiheit hinaus streben wir nach individueller Freiheit. Wir wollen uns aus Einengungen unserer Sozialisation, so gut es geht, lösen, um eines Tages unser eigenes Leben führen zu können. Wie viel Kraft das kosten kann, ist das Thema folgender Geschichte, über die nachzudenken sich lohnt.

VOM ADLER, DER NICHT FLIEGEN KONNTE

Eines Tages fand ein Bauer im Wald ein weißflaumiges Adlerjunges, das sich mit seinen Flügeln im Gebüsch verheddert hatte.

Ach, du Armer, dachte er, bist wohl aus deinem Horst gefallen? Ich nehme dich mit nach Hause, dort wird es dir an nichts fehlen. Behutsam befreite er das Tier aus seiner misslichen Lage und setzte es auf seinen Hof zu den Hühnern. Tag für Tag warf er Körner in das Gehege. Der neue Vogel tat es natürlich den Hühnern gleich, scharrte auf dem Boden und pickte hungrig und begierig nach dem Futter. Nach geraumer Zeit erhob er gelegentlich zitternd und zaghaft seine Flügel, sodass es aussah, als wolle er sich in die Lüfte erheben. Da gackerten die Hühner: »Du hältst dich wohl für was Besseres.« »Fliegen ist nicht unsere Art.« »Was bildest du dir eigentlich ein, was du bist?«

Schließlich hatte der Adler jeden Mut verloren, seine Flügel zu bewegen, und fristete in einer Ecke des Hofes ein einsames, trauriges Dasein.

Nach einigen Jahren kam zufällig ein Vogelkundler vorbei, besah sich den Hühnerhof und meinte: »Der Vogel da hinten mit den breiten Flügeln, das ist aber kein Huhn, das ist ein Adler. Wie kommt der hierher?«

Der Bauer erzählte dem Fremden, in welcher Verfassung er das arme Tier gefunden und, um es zu retten, mitgenommen und zu den Hühnern gesteckt hatte. »Seht nur, er scharrt wie ein Huhn und er pickt wie ein Huhn. Er hat sich den ihn umgebenden Lebensverhältnissen eben angepasst. Das ist doch allemal besser, als wenn er im Wald umgekommen wäre.«

»Er ist aber kein Huhn – und er wird auch niemals eins werden. Dieses Tier braucht seine Freiheit; sie allein ist die Luft, die ihn atmen lässt«, meinte der Vogelkundler. Er setzte den Vogel auf seine Hand und ermutigte ihn eindringlich: »Du bist kein Huhn, sondern ein Adler, der König der Lüfte. Also erhebe dich und fliege dem Himmel entgegen!«

Das Herz des Adlers zitterte, ja, es bebte geradezu und als er zum Himmel emporblickte, schien es für einen Augenblick so, als ob er von einer tiefen Sehnsucht ergriffen war. Vorsichtig begann er, seine Flügel auszubreiten.

»Da siehst du, er will sich emporschwingen!«, freute sich der Vogelkundler siegesgewiss. Doch nach einigen Flügelschlägen blickte der Adler nach unten zu den scharrenden Hühnern, seine Fittiche erlahmten und er sprang hinunter in den Hof.

»Habe ich dir doch gleich gesagt«, ereiferte sich der Bauer. »Wer zu einem Huhn erzogen wurde, bleibt zeit seines Lebens ein Huhn.«

»Aber der Adler kann doch unter den Hühnern unmöglich glücklich sein.«

»Wieso sollte er nicht glücklich sein? Er hat jeden Tag genug zu fressen und Gesellschaft hat er auch. Was fehlt ihm da zum Glück?«

»Er lebt nicht nach seiner Bestimmung«, erwiderte der Mann.

Der Bauer schüttelte nur den Kopf. »Nicht nach seiner Bestimmung«, murmelte er leise und verständnislos vor sich hin.

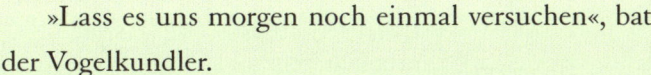

»Lass es uns morgen noch einmal versuchen«, bat der Vogelkundler.

»Von mir aus gern«, lachte der Bauer, »aber du wirst sehen, dass der, der zu einem Huhn erzogen wurde, für immer ein Huhn bleibt«, erwiderte er erneut.

Der Bauer behielt recht. Auch am kommenden Tag fehlte es dem Adler an Mut, sich in die Lüfte zu erheben.

»Aller guten Dinge sind drei.« Noch gab sich der Vogelkundler nicht geschlagen.

Bei Anbruch des kommenden Tages ging er mit dem Adler auf einen Berg. Auf dem Gipfel setzte er ihn auf seine Faust und beschwor ihn: »Du bist ein Adler, dir gehört die Weite der Lüfte, flieg, Vogel, flieg!«

Da begann das Herz des Adlers abermals zu erheben, die Flügel zuckten, ja, es schien geradezu so, als würde sich in ihm mit einem Mal die ganze seit Jahren aufgestaute Lebensenergie entfesseln – und endlich, endlich tat er einen lauten Schrei und schwang sich mit kraftvollen Flügeln der Sonne entgegen.

KEINE ÜBUNG

Genießen Sie es heute einmal, hier keine Empfehlung lesen zu müssen. Gönnen Sie sich die Freiheit, das zu tun, wozu Sie gerade Lust haben – und nehmen Sie sich die nötige Zeit dafür! Ich hoffe, Sie werden dabei – im wahrsten Sinne des Wortes – beflügelnde Stunden erleben!

SICH ZEIT NEHMEN

VOM GLÜCK, DEN AUGENBLICK ZU GENIESSEN

Sagen Sie einmal einem Menschen, dass Sie Zeit haben. Er wird Sie entweder für faul oder für verrückt erklären. In der modernen Welt hat man keine Zeit zu haben. Erinnern wir uns an den berühmt gewordenen Satz, den Benjamin Franklin im Jahr 1748 zu einem jungen Geschäftsmann sagte: »Remember, time is money.« Zeit ist Geld. Gegen die Ware Zeit, die gleichbedeutend ist mit Geld, zählt der Mensch an sich nichts mehr. Deshalb haben wir das Gefühl, dass unser Dasein nur einen Sinn hat, wenn wir arbeiten. Wir meinen, unablässig etwas tun, ständig etwas leisten zu müssen, um vor uns selbst bestehen zu können. Wir machen unser Selbstwertgefühl abhängig von unserer Leistung – und von dem Geld, das wir dabei verdienen.

Die Folge davon ist eine stetige Zunahme des Burnout in fast allen Berufszweigen. Wollen wir wirklich am Ende unseres Lebens sagen, wir hätten gelebt, um zu arbeiten? Nicht vielmehr, wir hätten gearbeitet, um zu leben?

Wie sagte schon Goethe? »Es ist ein einförmiges Ding um das Menschengeschlecht. Die meisten verarbeiten den größten Teil der Zeit, um zu leben. Und das Bisschen, das ihnen von der Freiheit übrig bleibt, ängstigt sie so, dass sie alle Mittel aufsuchen, um es loszuwerden.«

Dabei ist Zeit das Geschenk unseres Lebens. Sie ist unser Leben. Doch wie gehen wir mit diesem Geschenk um? Achten wir es als das Kostbarste, das uns überhaupt überlassen worden ist, oder verschwenden und verschleudern wir es oftmals gedanken- und sinnlos in dem Irrglauben, dass wir sowieso genug davon haben? Was bedeutet uns denn eigentlich ein Tag, eine Stunde, eine Minute unseres Lebens? Kosten wir sie wirklich in dem Bewusstsein aus, dass unser Leben nur aus einer ganz begrenzten Zeit besteht? Können wir dem Satz »Das Leben ist endlich« den Impuls entnehmen: »Lebe endlich«?

»Kannst du nicht aufpassen«, murrte die dicke alte Schildkröte, als sie das Kitzeln einer Fliege an ihrer Zunge spürte. »Ich habe gerade tief und fest geschlafen.« »Ich begreife nicht, wie man sein ganzes Leben verschlafen kann«, summte die Eintagsfliege. »Was soll das heißen«, brummte die Schildkröte. »Ich habe jetzt gerade einmal vierundzwanzig Stunden lang geruht, was ist das schon bei den dreihundert Jahren, die ich auf dem Panzer habe?« »Mein ganzes Leben besteht nur aus so vielen Stunden, wie du jetzt gerade verschlafen hast«, erwiderte die Eintagsfliege. »Du Ärmste«, brummte die Schildkröte. »Du brauchst mich nicht zu bedauern«, erwiderte die Fliege. »Im Gegensatz zu dir verstehe ich nämlich, jeden Augenblick dieses einen Tages zu genießen und für mich zu nutzen.« Sprach's und erhob sich mit ihren Flügeln in Richtung eines saftigen Marmeladenbrotes.

Der Gedanke, der dieser Geschichte zugrunde liegt, lautet: Carpe diem! Nutze den Tag, genieße den Augenblick. Halte inne in deiner ständigen Rastlosigkeit. Sei aufmerksam auf das, was jetzt gerade geschieht. Und genau das fällt uns oft so schwer.

Ein weiser Mann wurde gefragt, warum er trotz seiner vielen Beschäftigungen immer so glücklich sei. Er antwortete: »Wenn ich stehe, dann stehe ich, wenn ich gehe, dann gehe ich, wenn ich sitze, dann sitze ich, wenn ich esse, dann esse ich.«

Da fielen ihm die Fragesteller ins Wort und sagten: »Das tun wir auch, aber was machst du darüber hinaus?«

Darauf erwiderte er: »Wenn ich stehe, dann stehe ich, wenn ich gehe, dann gehe ich, wenn ich sitze, dann sitze ich, wenn ich esse, dann esse ich.«

Wieder sagten die Leute: »Das tun wir doch auch.«

Er aber sagte zu ihnen: »Nein, wenn ihr sitzt, dann steht ihr schon, wenn ihr steht, dann lauft ihr schon, wenn ihr lauft, dann seid ihr schon am Ziel.«

Kann es sein, dass Sie sich in diesem Text an der ein oder anderen Stelle wiedergefunden haben? Statt den Frühstückskaffee zu genießen, sind wir in Gedanken schon auf dem Weg zur Arbeit, auf dem Weg zur Arbeit überlegen wir, was wir nach Dienstschluss noch einkaufen müssen, und beim Einkauf beschäftigen sich unsere Fantasien schon mit dem abendlichen Fernsehprogramm.

Diese unterschiedliche Lebenshaltung des weisen Mannes und der Fragesteller – ich bin versucht und uns zu sagen – veranschaulicht auch folgende kleine Geschichte:

Eine Maus und eine Schnecke verabredeten sich zu einem Wettlauf. Natürlich war die Maus schon lange vor der Schnecke am Ziel. »Nun, es wird wohl Abend werden, bis du auch hier ankommst«, spottete die Maus. »Lach du nur«, erwiderte die Schnecke. »Du hattest, als du gelaufen bist, nur blind dein Ziel vor Augen. Ich hingegen freue mich an den Gänseblümchen, dem Mohn, den Bienen und den Schmetterlingen und dem Kitzeln des Grases unter meinen Sohlen. Nun sag, was hast du unterwegs erlebt?«

ETWAS UNGEWOHNTES TUN

Nehmen Sie sich heute eine kleine Auszeit: Gehen Sie barfuß über eine nasse Wiese, pflücken Sie einen Strauß Gänseblümchen oder betreten Sie ein Geschäft, in dem Sie noch nie gewesen sind, und sehen Sie sich ausgiebig darin um. Wer weiß, was es da alles zu entdecken gibt?

Wenn wir die Hast aus den Händen legen und uns – im Zuge der zurzeit viel genannten Entschleunigung des Lebens – gelegentlich das Tempo einer Schnecke gönnen, dann nehmen wir das, was gerade jetzt, in diesem Augenblick, um uns herum geschieht, wieder wahr und lernen, uns daran zu freuen. Und diese Freude wirkt auf unsere Seele zurück. In solchen Augenblicken, in denen wir ganz gegenwärtig, ganz präsent sind, ahnen wir etwas von dem, was mit Ewigkeit gemeint ist. Wir fühlen uns nicht mehr durch äußere Anforderungen und innere Zwänge eingeengt, sondern frei. Auch diese Lebenshaltung fällt uns nicht vom Himmel in den Schoß, kann aber sorgsam eingeübt werden.

Zum Beispiel können wir beim Frühstück einmal auf das Lesen der Zeitung verzichten, um den Kaffee bzw. Tee und das Frühstücksbrötchen ganz bewusst zu genießen.

Oder wir lassen hin und wieder das Auto stehen und machen uns zu Fuß auf den Weg zum Bäcker oder zum Zeitungskiosk. Unterwegs lassen wir uns Zeit, um rechts und links die Schaufenster von Geschäften oder die Gestaltungen der Vorgärten zu bestaunen – und das ohne Hörer am Ohr oder den Blick immer wieder auf das Handy gerichtet.

Um in diesem Sinn »beschaulich« zu werden, brauchen wir immer wieder den Rückzug aus der lärmenden Welt in äußere wie innere Räume der Stille.

MIT SICH SELBST EINS WERDEN

VOM GLÜCK DER STILLE

Die größten Ereignisse – das sind nicht unsere
lautesten, sondern unsere stillsten Stunden.

FRIEDRICH WILHELM NIETZSCHE

Wozu Stille gut ist und wie sie zu unserem Glück beitragen kann,
davon handelt eine alte Mönchserzählung:

Eines Tages hatte sich ein Pilger zu einem Einsiedlermönch
auf den Weg gemacht, um den frommen Mann danach
zu fragen, wozu denn das Leben in aller Abgeschieden-

heit und Einsamkeit dienlich sei. Der Mönch stand gerade am Brunnen und schöpfte Wasser. Er bat seinen Besucher, einen Blick in die Tiefe zu tun. »Was siehst du?«, fragte er ihn. Der blickte bemüht in die Tiefe, konnte aber nichts Bedeutsames entdecken und antworteten schließlich, ein wenig enttäuscht: »Nichts.« Einige Zeit später forderte der Mönch ihn auf, abermals in die Tiefe zu blicken. »Was siehst du?«, wiederholte er seine Frage. Als der Pilger jetzt wieder in den Brunnen blickte, rief er erstaunt aus: »Jetzt sehe ich mich selbst, mein Gesicht spiegelt sich im Wasser.« »Als ich vorhin Wasser förderte, hat es Wellen gegeben«, erwiderte der Mönch. »Inzwischen ist es aber ruhig geworden. Das ist die Antwort auf deine Frage: In der Stille der Abgeschiedenheit sieht man sich selbst.«

Stille ermöglicht es dem Menschen, sich in der eigenen Tiefe wahrzunehmen, sich selbst zu entdecken. Das Verdrängte und Ungelebte an die Oberfläche des Bewusstseins steigen zu lassen und wahrzunehmen, welche wunderbaren Schätze in der Seele ruhen, die noch verwirklicht werden wollen. Den verborgenen Träumen nachzuspüren, um ihnen Leben einzuhauchen.

Doch still werden, so still, dass man den Herzton des Lebens hört, ist eine hohe Kunst. Denn Stille ist in der heutigen Zeit ein rares Gut geworden. In den Kaufhäusern werden wir penetrant mit

Musik berieselt, in den Einkaufsstraßen herrscht beständiger Lärm und in den öffentlichen Verkehrsmitteln werden wir von klingelnden Handys gestört und müssen Gespräche mit anhören, die uns weder etwas angehen noch interessieren. Wo können wir da Stille erleben? Ja, flüchten wir nicht oft genug vor der Stille? Schalten Sie abends, wenn Sie nach Hause kommen, als Erstes das Radio an? Oder läuft ständig der Fernseher, weil wir Stille nicht aushalten?

Doch bleibt da nicht dennoch der Wunsch, uns wenigstens einmal am Tag, möglicherweise am Abend, für eine kurze Zeit zurückzuziehen, um ganz bei uns selbst sein zu können, äußerlich wie innerlich nach und nach Stille einkehren zu lassen und dabei ganz bewusst auf unseren Atem zu achten? Der Atem ist ständiges strömendes Leben. »Atem ist das Element, das uns mit dem geistigen Kosmos verbindet. Er ist die Gabe des Himmels, der Geist, der in uns einströmt«, hat der Arzt, Philosoph und Schriftsteller Wladimir Lindenberg einmal gesagt.

EINLADUNG ZUR STILLE

Atme die innere Unruhe aus,
atme sie aus,
bis deine Seele Ruhe findet
und du aufatmen,
wirklich aufatmen magst.
Versuche die Gedanken, die dich
immer und immer wieder umtreiben,
nach und nach zu verabschieden,

um leer zu werden,
ganz leer zu werden –
und versuche diesen Zustand
in der Stille eine Weile auszuhalten.
Horche mehr und mehr
auf die inneren Stimmen,
was wollen sie dir sagen?
Horche genau hin!
Nimm die aufsteigenden Bilder
in ihrem Kommen und Gehen
und in ihren Veränderungen wahr
und versuche, dich ganz auf sie einzulassen.
Das schönste von ihnen
bewahre dir als einen Schatz in deiner Seele
und träume ihm nach,
träume ihm nach –
um seine Botschaft mitzunehmen
in die kommende Zeit.

Spüren Sie Ihrem Einatmen und Ausatmen einmal eine Weile ganz bewusst nach – und beschließen Sie, sich im Alltag öfter einmal eine Atempause zu gönnen. Möglicherweise entwickelt sich daraus ein Ritual: Zu bestimmte Zeiten am Tag lege ich eine Atempause, eine Ruhepause ein, um den Tag zu strukturieren, mich psychisch zu entlasten und zu entspannen.

Nehmen wir uns den Gedanken von Blaise Pascal zu Herzen: »Einem Menschen zu sagen, er solle ausruhen, bedeutet, ihm zu sagen, er solle glücklich sein.« Aber auch meditative Konzentrations- und Achtsamkeitsübungen oder Gebetspraktiken helfen, aus der Zerstreutheit und den Zerstreuungen des Alltags heraus zu innerer Sammlung zu finden, um uns selbst ganz wahrzunehmen und darin zu spüren, was wirklich wesentlich für unser Leben ist – was das Wesen unserer selbst ist.

Treten wir darüber hinaus gelegentlich in einer wolkenfreien Nacht nach draußen und betrachten wir den herrlichen Sternenhimmel. Im Staunen, im Ergriffensein von der einmaligen Schönheit des Kosmos dürfen wir wahrnehmen, dass wir mehr sind als das, was wir im Alltag von uns zeigen, mehr als das Bild, das sich andere von uns gemacht haben – ja, sogar mehr als das Bild, das wir uns von uns selbst gemacht haben. Wir sind – religiös gesagt – ein Geschöpf Gottes oder mit anderen Worten: Wir sind ein wunderbarer, einmaliger Teil der Schöpfung, des Weltganzen, ein Teil des Kosmos und wir dürfen darüber beglückt und dankbar sein, dass wir – wenn auch für eine begrenzte Zeit – dazugehören dürfen zum ewig Ganzen – zu der Ganzheit der Ewigkeit.

Die unendliche Weite
und glänzende Schönheit des Kosmos
spiegelt sich in deiner eigenen Seele wider.
In dir selbst strahlt eine Welt
voller Sterne
und beschenkt dich
mit dem unermesslichen Glück,
dass du ein Teil des Ganzen bist.

TEXTNACHWEIS

Seite 16: Auch den dunklen Stunden, aus: Martin Schmeisser (Hg.), Gesegneter Weg, © Verlag am Eschbach, ein Unternehmen der Verlagsgruppe Patmos in der Schwabenverlag AG, Eschbach 1997, www.verlag-am-eschbach.de

Seite 22: Danke, aus: Christa Spilling-Nöker, Von Herzen Danke, Verlag Herder GmbH, Freiburg 2015

Seite 24: Danken ist mehr als nur ein Wort, aus: Christa Spilling-Nöker, Was mir gefällt auf dieser Welt. Von der Dankbarkeit, © Verlag am Eschbach, ein Unternehmen der Verlagsgruppe Patmos in der Schwabenverlag AG, Eschbach 2008, www.verlag-am-eschbach.de

Seite 31: Zufällig trafen sich zwei ..., aus: Christa Spilling-Nöker, Kleines Buch der Lebensfreude, Verlag Herder GmbH, Freiburg 2015

Seite 37: Aufbruch wagen, aus: Christa Spilling-Nöker, Jeder Augenblick zählt, © Verlag am Eschbach, ein Unternehmen der Verlagsgruppe Patmos in der Schwabenverlag AG, Eschbach 2002, www.verlag-am-eschbach.de

Seite 47: Ein Engel geht neben ihr her, aus: Christa Spilling-Nöker, Ein Engel dir zur Seite, Verlag Herder GmbH, Freiburg 2010

Seite 49: Es ist ein unsichtbares Band, aus: Christa Spilling-Nöker, Ich habe dich gern. Über die Freundschaft, © Verlag am Eschbach, ein Unternehmen der Verlagsgruppe Patmos in der Schwabenverlag AG, Eschbach 2002, www.verlag-am-eschbach.de

Seite 61: Geh hin, zu der Schwester, dem Bruder, aus: Christa Spilling-Nöker, O wunderbare Weihnachtszeit, Verlag Herder GmbH, Freiburg 2012

Seite 68: Der Ratschlag der Eule, aus: Christa Spilling-Nöker, Weisheit. Märchen aus aller Welt, Verlag Herder GmbH, Freiburg 2013 (erzählt nach: Das Märchen vom winzig kleinen Mann, nach: Nordamerikanische Märchen, Hrsg. Frederic Hetmann, Fischer Taschenbuch Verlag GmbH, Frankfurt am Main, 1973, S. 75-77)

Seite 79: Sie haben zwar einen Mund, aus: Christa Spilling-Nöker, Die schönsten Seiten des Lebens. Das Familienhausbuch für das ganze Jahr, Verlag Herder GmbH, Freiburg 2011

Seite 92: Wer nascht, aus: Dörthe Binkert, Das süße Leben. Die Kunst, nicht ganz erwachsen zu werden, Marion Schröder Verlag, München 2003

Seite 107: Es kommt der Tag, aus: Christa Spilling-Nöker, Behutsam will ich dich begleiten, Verlag Herder GmbH, Freiburg 2009

Seite 122: Mit sich selbst vorankommen, aus: Christa Spilling-Nöker, Kleines Buch der Lebensfreude, Verlag Herder GmbH, Freiburg 2015

Seite 133: Was wäre unser Leben ohne Musik, aus: Hermann Hesse, Sämtliche Werke in 20 Bänden. Herausgegeben von Volker Michels. Band 13: Betrachtungen und Berichte 1899-1926, © Suhrkamp Verlag Frankfurt am Main 2003. Alle Rechte bei und vorbehalten durch den Suhrkamp Verlag Berlin

Seite 145: Alles halb so schlimm, aus: Christa Spilling-Nöker, 50 Zutaten zur Liebe, Verlag Herder GmbH, Freiburg 2011

Seite 154: Das heilsame Erschrecken, aus: Christa Spilling-Nöker, Weisheit. Märchen aus aller Welt, Verlag Herder GmbH, Freiburg 2013 (erzählt nach: Sohn bist du und du wirst Vater werden, in: Portugiesische Märchen, Düsseldorf/Köln 1975)

Seite 159: Eines Tages wurde ein älteres Paar ..., aus: Christa Spilling-Nöker, 50 Zutaten zum Glück, Verlag Herder GmbH, Freiburg 2010

Seite 177: Die Heimat, © Rainer Loewe, Abdruck mit freundlicher Genehmigung des Autors

Seite 181: Zu Hause, aus: Christa Spilling-Nöker, Kleines Buch der Lebensfreude, Verlag Herder GmbH, Freiburg 2015

Seite 182: Schon von weitem, aus: Manfred Mai, Alles Glück möchte ich dir schenken, Verlag Herder GmbH, Freiburg 2000

Seite 183: Ein Zuhause für die Seele, nach: Gisela Ibele, 100 himmlische Gedanken, Verlag Herder GmbH, Freiburg 2010

Seite 185: Neues entdecken, © Friedolin Nöker, Abdruck mit freundlicher Genehmigung des Autors

Seite 191: Einmal um die ganze Welt, aus: Christa Spilling-Nöker, Was mir Kraft zum Leben schenkt, Verlag Herder GmbH, Freiburg 2015

Seite 194: Ich werde schwarz geboren, aus: Spurensuche ... positiv, herausgegeben von den Beiräten der Polizeiseelsorge mit Unterstützung des Ministeriums des Innern und für Sport des Landes Rheinland-Pfalz, 2010

Seite 194: Märchen vom Auszug aller »Ausländer«, © Helmut Wöllenstein, zuerst veröffentlicht als »Zuspruch am Morgen« am 20. 12. 1991 im Hessischen Rundfunk im Zusammenhang der massiv wachsenden Ausländerfeindlichkeit, die wenig später zu den Brand- und Mordanschlägen in Mölln und Solingen führte

Seite 200: Es war kurz vor Ostern, aus: Christa Spilling-Nöker, Was mir Kraft zum Leben schenkt, Verlag Herder GmbH, Freiburg 2015

Seite 204: Vom Adler, der nicht fliegen konnte, nach einer afrikanischen Fabel

Seite 219: Die unendliche Weite, aus: Christa Spilling-Nöker, Kleines Buch der Lebensfreude, Verlag Herder GmbH, Freiburg 2015